"校·园"一体化幼儿园教师队伍培养培训模式研究

周东恩　李春会　著

九 州 出 版 社

JIUZHOUPRESS

图书在版编目（CIP）数据

"校·园"一体化幼儿园教师队伍培养培训模式研究 /
周东恩 , 李春会著 . –– 北京 : 九州出版社 , 2021.7
　　ISBN 978–7–5225–0298–4

Ⅰ . ①校… Ⅱ . ①周… ②李… Ⅲ . ①幼教人员—师
资培养—研究 Ⅳ . ① G615

中国版本图书馆 CIP 数据核字（2021）第 143193 号

"校·园"一体化幼儿园教师队伍培养培训模式研究

作　　者　周东恩　李春会　著
责任编辑　李　品　周　春
出版发行　九州出版社
地　　址　北京市西城区阜外大街甲 35 号（100037）
发行电话　（010）68992190/3/5/6
网　　址　www.jiuzhoupress.com
印　　刷　三河市德贤弘印务有限公司
开　　本　787 毫米 ×1092 毫米　16 开
印　　张　9.75
字　　数　150 千字
版　　次　2022 年 4 月第 1 版
印　　次　2022 年 4 月第 1 次印刷
书　　号　978–7–5225–0298–4
定　　价　70.00 元

前　言

百年大计,教育为本,教育大计,始于幼教。在党和国家的高度重视下,我国的学前教育事业取得了跨越式的发展。在学前教育大面积、大范围普及普惠的基础上,"我们拥有了世界上最庞大的幼儿教育体系,但我们还面临很多的问题和困难,其中师资是核心问题之一。无论从数量上还是质量上,我们的师资队伍还需要不断地完善,幼儿园教师专业化是完善师资队伍的一项重要工程"。① 教师教育、教师培养培训、教师队伍建设等也成为达成我国学前教育事业下一阶段重点目标——"从'幼有所育'到'幼有优育'"——的关键所在。

探讨幼儿园教师教育、幼儿园教师队伍建设问题离不开特定的时代背景。人们经常用瞬息万变来形容这个飞速发展的社会。随着社会的快速发展和教育改革浪潮的涌现,教师教育的观念也在发生着转变。第一个转变是从注重理论学习转向注重实践操作。在教育部等相关部门提出的关于幼儿教师培养的政策文件中,强调了理论与实践的有机结合。例如,教育部等四部门颁布的《关于实施第三期学前教育行动计划的意见》指出:"深化学前教育专业课程与教学改革,提高培养质量,强化实践能力。以需求为导向,开展新一轮幼儿园教师全员培训,提高培训的针对性和实效性。"② 第二个转变是从断裂式碎片转向持续连贯性发展。在教育实践中涌现出来的问题使人们开始意识到教师的职前培养和职后培训不应该是生硬的、割裂的、彼此孤立的阶段,而应该相互联

---

① 　教育部教师工作司.《幼儿园教师专业标准(试行)》解读 [M]. 北京:北京师范大学出版社,2013:12.

② 　教育部等四部门. 教育部等四部门关于实施第三期学前教育行动计划的意见 [EB/OL].http://www.moe.gov.cn/srcsite/A06/s3327/201705/t20170502_303514.html(2017–4–17)

系。国家颁布实施了一系列政策,提倡师范院校、职业院校与幼儿园的协同合作。例如,《中共中央国务院关于学前教育深化改革规范发展的若干意见》强调:"创新培训模式,支持师范院校与优质幼儿园协同建立培训基地,强化专业学习与跟岗实践相结合,增强培训针对性和实效性,切实提高教师专业水平和科学保教能力。"国务院《关于大力发展职业教育的决定》中指出:"职业教育要改革以学校和课堂为中心的传统人才培养模式,大力推行工学结合、校企合作的培养模式。"培养幼儿园教师的高校与幼儿园开启深度合作,使幼儿园教师的职前培养与职后培训双主体、一体化,成为幼儿园教师队伍培养培训的有效模式。

在这样的社会背景和环境下,该如何对幼儿园教师进行培养和培训才有助于建设符合时代发展要求的教师队伍呢?在查阅资料的过程中笔者发现,之前也有一些对于高校与幼儿园之间的合作的研究,但怎样解决合作中存在的"蜻蜓点水"等问题,推动高校与幼儿园之间的深层次融合呢?鉴于高职院校已经成为培养幼儿园教师的"主力军",高职院校与幼儿园之间又要怎样进行职前、职后培养培训的衔接和一体化呢?由此,"辽宁省幼儿园教师队伍建设"的研究课题应运而生,并申请立项了辽宁省教育厅人文社会科学研究项目课题。本书正是这项课题的主要研究成果。

"校·园"一体化幼儿园教师培养培训模式中,"校"指高职院校,"园"指幼儿园。"校·园"一体化幼儿园教师培养培训模式是指在全球校企合作培养专业人才的理念背景下,为响应党中央关于幼儿园教师队伍建设的相关要求,高职院校与幼儿园深度合作,探索"校·园"双主体一体化幼儿园教师培养培训教育模式,从而助力幼儿园教师的专业发展。

本书共分为八章。第一章为绪论,主要介绍了问题的提出与研究的缘起。第二章到第五章,介绍了"校·园"一体化培养培训模式构建的现实背景、历史进程、理论基础和价值追求。第六章重点论述了"校·园"一体化培养培训模式构建的策略机制,并在第七章中列举了详细的案例。最后,第八章对"校·园"一体化培养培训模式构建进行了成效的分析和前景的展望。

本书的出版是对作者所在学校近年来开展"校·园"一体化幼儿园教师培养培训模式改革实践的阶段性总结。改革实践取得了些许成果,但与学前教育事业发展需要相比,与国家对幼儿园教师队伍建设的要求相比,一体化培养培训的模式构建任务依然任重道远。下一步,我们要在已有成绩的基础上,继续砥砺前行!

目　录

第一章　绪论

第一节　问题提出与研究缘起

"教育兴则国家兴,教育强则国家强。""善之本在教,教之本在师",所以,"国将兴,必贵师而重传"。因为"教师是学生健康成长的引路人和指导者,是人类文明的传承者和创造者,是社会美好价值的坚守者和弘扬者,是建设美丽中国和托举中华民族复兴梦想的重要力量"[①],是实现教育强国的根基,所以党和国家历来都非常重视教师队伍的建设工作。

学前教育是教育活动的最初阶段,是人生第一个教育阶段,是终身学习的开端。党和国家一直高度重视学前教育事业,党的十九大报告把"幼有所育"作为保障和改善民生的重要内容。各级政府积极贯彻落实党的政策,推动了各地区学前教育的快速发展。以笔者所在的辽宁省为例,辽宁省委省政府领导全省学前教育系统积极落实党中央关于发展学前教育的政策,积极推进我省幼儿园教师队伍建设。《2019年辽宁省教育事业发展公报》显示,全省独立设置的幼儿园9903所,在园幼儿91.5万人,学前3年幼儿毛入园率为90.5%。幼儿园规模、普惠幼儿园占比、毛入园率均呈现稳步提升的状态,"幼有所育"目标已基本实

---

① 教育部教师工作司.《幼儿园教师专业标准(试行)》解读.前言[M].北京:北京师范大学出版社,2013:1.

现。但与"幼有善育"目标、与上海等一线城市和地区学前教育事业、与人民群众对优质学前教育的需求,仍存在着诸多差距和不足。

人才队伍建设是推动各项事业高速发展的关键因素。"幼儿园教师队伍建设"问题也正是进一步提升学前教育质量的关键。"学前教育发展不仅需要建设一批坚实安全的幼儿园,更需要建设一支师德高尚、业务精良的幼儿园教师队伍。"① 教育部教师工作司原司长王定华在《培养新时代大国良师——普通高等学校师范类专业认证工作指南(试行)》的序言《启动实施师范类专业认证,夯实新时代高素质教师培养基石》一文中指出:"师范生立德树人和实践教学能力亟待加强等问题仍然存在。教师教育体系不能很好地支撑广大人民对好教师培养的需要,教师培养质量滞后于建设高素质教师队伍的需求,已成为制约建设教育强国,加快教育现代化,办好人民满意教育的瓶颈。"② 因此,要实现国家教育强国目标,实现"幼有所育"到"幼有优育"的目标,其中最核心和最关键的一点就是实现从"有教师"的基本目标到"有好教师"的高级追求。2018 年 1 月 20 日《中共中央国务院关于全面深化新时代教师队伍建设改革的意见》指出:"全面提高幼儿园教师质量,建设一支高素质善保教的教师队伍。"国务院《关于当前发展学前教育的若干意见》也提出"加快建设一支师德高尚、热爱儿童、业务精良、结构合理的幼儿教师队伍"的要求。那么,目前幼儿园教师队伍的现状如何?再以辽宁省为例,《2019 年辽宁省教育事业发展公报》显示,2019 年,全省幼儿园教职工总数为 12.8 万人,其中专任教师 7.6 万人,占 59.1%;生师比为 12.1∶1;除卫生保健人员、保育员外,另有代课教师、兼任教师 1156 人;从学历层次上看,专科及以上学历的专任教师 6.0 万人,占专任教师总数的 79.6%。按照 2013 年教育部印发的《幼儿园教职工配备标准(暂行)》,全日制幼儿园的教职工与幼儿的比例需达 1∶5 至 1∶7。由此可见,幼儿教师数量不足,结构不合理,是制约学前教育质量的关键因素,严重影响学前教育事业发展。反观引起社会热议却屡禁不止的携程、红黄蓝虐童事件,让人啼笑皆非的新冠疫情下幼儿园秒变烧烤

---

① 　教育部教师工作司.《幼儿园教师专业标准(试行)》解读. 前言 [M]. 北京:北京师范大学出版社,2013:1.

② 　教育部. 培养新时代大国良师——普通高等学校师范类专业认证工作指南(试行) [M]. 北京:中国广播影视出版社,2014:序言.

摊、教师充当服务员等事件,均反映了幼儿园师资水平及队伍建设存在的师德欠缺、质量欠佳、专业性不够、数量不足、流动性大等问题,可谓现状堪忧。

由此可见,幼儿园教师队伍培养培训问题是亟待解决的焦点问题。政府部门也出台多项文件、政策,旨在加大幼儿教师培养培训力度,提升培养培训质量。例如,教育部等四部门《关于实施第三期学前教育行动计划的意见》指出:"深化学前教育专业课程与教学改革,提高培养质量,强化实践能力。以需求为导向,开展新一轮幼儿园教师全员培训,提高培训的针对性和实效性。"[①] 在这样的社会背景和环境下,笔者进行了对于幼儿园教师队伍培养培训的相关思考,并以"辽宁省幼儿园教师队伍建设"为题申请立项了辽宁省教育厅人文社会科学研究项目课题。

第二节　研究目的与研究意义

一、研究目的

第一,科学规划设置幼儿园教师培养培训格局。

教育部等四部门《关于实施第三期学前教育行动计划的意见》指出:"构建幼儿园教师队伍建设支持体系。根据普及学前三年教育的要求,确定高等学校、中等师范学校学前教育专业的培养规模和层次,加大本专科层次幼儿园教师的培养力度。"[②] 由此可见,对人才队伍的实际需求是培养、培训的根据。本研究将通过调研辽宁省幼儿园教师队伍建设现状,分析学前教育人才需求和学前教育人才培养供给情况,以科

---

① 教育部等四部门.教育部等四部门关于实施第三期学前教育行动计划的意见 [EB/OL].http://www.moe.gov.cn/srcsite/A06/s3327/201705/t20170502_303514.html（2017–04–17）.

② 教育部等四部门.教育部等四部门关于实施第三期学前教育行动计划的意见 [EB/OL].http://www.moe.gov.cn/srcsite/A06/s3327/201705/t20170502_303514.html（2017–04–17）.

学规划设置辽宁省幼儿园教师培养培训的格局,建立科学有效的幼儿园教师培养培训体系。

第二,构建"校·园"一体化培养培训模式,提升人才培养质量。

在幼儿园教师培养培训体系中,高等职业技术院校(以下简称高职院校)无疑成了主力军之一。据文献资料显示,近年来,全国独立设置的高职院校达到了 1200 余所,在校生规模达到了 900 余万人。可以说,在数量上得到了空前的发展。但是,高职院校的教学质量仍然是我国教育事业的薄弱环节。[①] 积极探讨"校·园"一体化幼儿园教师培养培训模式是高职院校提升发展质量的有效途径,将十分有助于提升高职院校人才培养质量,从而适应幼儿园、社会以及国家对人才培养的新期待。

二、研究意义

第一,创新高职学前教育专业人才培养模式。

高职院校学前教育专业毕业生入职后不能快速适应幼儿园岗位需求的问题,是专业人才培养模式改革创新的内驱力,是影响学前教育质量的重要因素,也是本研究的一项重点研究内容。在培养模式方面,通过研究,改革幼儿园教师"学科体系"培养模式,基于"全程实践"理念,探索"临床医学院"式幼儿园教师培养模式,探索构建更加符合幼儿园岗位特点的学前教育实用型人才培养模式。在协同机制方面,通过探索由政府主导,"高校+幼儿园"联合培养的现代学徒制模式,旨在通过幼儿教师培养制度设计和机制创新,构建"GUK"(政府+高校+幼儿园)协同机制创新。

因此,本研究有助于解决培养模式中学科体系严重不适应实际需求、实践能力不强的重点问题,破解建设一体化实习基地的难点问题,对创新高职学前教育专业人才培养模式具有实践意义。

第二,构建幼儿园教师专业发展培训体系。

幼儿教师的职后培训存在不够规范、体系不尽完善、培训内容不适用等问题,是职后培训的瓶颈。2020 年 4 月,教育部印发《幼儿园新

---

① 申晓伟.校企合作,共筑未来——高职院校校企合作育人理论与实践研究[M].北京:中国广播影视出版社,2014:1.

入职教师规范化培训实施指南》,对幼儿园新入职教师培训的目的与意义、目标与任务、内容与方式、原则与要求、评价与考核等作出规范化培训标准。本研究将结合《3—6 岁儿童学习与发展指南》,依据辽宁省幼儿园教育实际选择培训内容和培训方式,加强对培训效果的评价。这对于进一步厘清各级各类培训项目的边界,动态确定培训对象,动态了解培训需求,进一步完善辽宁省幼儿园教师培训体系具有现实意义。

第三,加强高职院校教师队伍建设。

通过"校·园"一体化培养培训模式的构建,职业院校的教师首先可以作为研究者深入地走进真实的教育情境中,近距离观察研究幼儿园师幼活动,深入参与幼儿园的园本培训、园本教研。更重要的是,在"校·园"一体化的培养培训模式中,职业院校的教师容易被一线教师接纳为"局内人",一线教师容易放下"什么该说、什么不该说""会不会对我的考核有影响"的顾虑,"放下包袱""打开心扉",与高职院校教师交流信息。其次,高职院校的教师作为教育者,通过在"校·园"一体化的培养培训模式中追踪观察"已毕业"学生的职业适应和职业发展情况与问题,分析一线教师专业素养和专业发展方面的欠缺,来反思自身的教育教学工作,提高自身专业研究教育教学和社会培训的能力。

第四,促进在职幼儿教师专业发展。

在"校·园"一体化培养培训模式中,作为"理论担当"的高职院校教师对在职幼儿教师专业发展的促进要比那些"匆匆而来""蜻蜓点水"般的专家理论培训更加有实际意义。一线幼儿园教师对专家理论培训接纳程度不高,源自教育研究中理论与实践脱节这个老生常谈的问题。一线教师们觉得"说的人永远在说,不会真的去做",所以,"做的人不屑听你说,只依照自己的理解去做"。[①]但在"校·园"一体化的培养培训模式中,高职院校教师作为研究者和指导者,会发挥自己的理论优势,对以一线教师为主体之一的教育现象进行科学、专业的解释性分析,并给出具有指导意义的策略建议。一线教师则通过阅读和分享自身教育案例分析来获得专业成长。

---

① 孙玉洁. 在 U–K 互助中生成专业自觉——幼儿教师驻园培养模式研究 [M]. 北京:科学出版社,2018: 2.

第三节　研究内容与方法

一、研究内容

1.幼儿园教师队伍供需研究。调研辽宁省幼儿园教师队伍建设,研判辽宁省学前教育事业发展的新形势、学前教育人才需求和学前教育人才培养供给情况,科学论证、统筹规划幼儿园教师本科、大专、中专学校人才培养的规模、层次和定位,为进一步稳定、发展幼儿园教师队伍,切实提高幼儿园教育教学水平提供理论依据。

2.幼儿园教师"校·园"一体化培养培训模式的探索与实践。本研究以"校·园"一体化为研究基础,首先进行职前培养模式的改革创新研究。基于"全程实践"理念,探索"临床医学院"式幼儿园教师培养模式,探究推进由政府主导,"高校＋幼儿园"联合培养的现代学徒制模式,进一步提升幼儿园教师培养专业化水平。其次,进行构建完善幼儿园教师培训体系的研究。构建完善幼儿园教师培训体系,进一步提升幼儿园教师职后培训质量;开展由教育行政部门公开遴选高水平的研究机构、高校、幼儿园作为幼儿园教师培训基地的研究,提升职后培训的专业性和实用性。

二、研究方法

(一)研究思路

本研究遵循团队协作、系统调研、实践验证的基本思路开展研究。

1.校企合作,共同组建调研团队。课题组成员包括高校管理人员、高校教师、教育行政管理人员、幼儿园园长等,政、校、企三方共同协作,以保障课题研究顺利完成。

2.系统调研:调研方式采用深度调研和问卷调查相结合,对辽宁省幼儿园教师队伍的需求、供给等现状开展调研,形成分析报告,具体安排如下:

①采用深度调研法,针对辽宁省部分幼儿园的管理人员、教师、家长以及开设学前专业的大中专院校的管理人员、教师、学生,开展关于幼儿教师培养、培训过程中存在的问题的深度访谈;

②根据访谈结果,分别编制幼儿园师资能力需求、学生培养及在职人员培训等相关调查表及问卷;

③按照幼儿园所在行政区域及学前专业学生培养层次,开展分层抽样,并开展预调研,检验问卷的信度和效度,对问卷结构做必要的调整;

④正式调研,获取样本所需问卷数量;

⑤对问卷进行整理、数据清洗、编码及录入,并对所获取的数据进行量化分析;

⑥形成调研报告。

3.实践验证:将研究成果回归到实践中接受检验,并形成可供借鉴和操作的行为模式。

(二)研究方法

本课题研究主要采用文献法、问卷调查法、访谈法、自然观察法等方法进行研究。通过查阅文件、搜集有关学前教育专业教师队伍培养、培训等的理论成果,形成课题研究的理论支撑;通过对教育行政部门提供的数据进行分析,形成研究的数据基础;对高校管理人员、高校教师、学前教育专业在校学生,采取问卷调查法和访谈法相结合的方式,对学前教育专业人才培养现状形成认识;对幼教专家、幼儿园园长、幼儿园教师、幼儿家长等人群采取自然观察法、问卷调查法、访谈法等方法进行调研,分析形成幼儿园教师职后培训报告。

通过前期研究研发建设策略、改革机制等,并积极探索实施,验证研究成果的有效性、可操作性。

前期准备

基础研究

调查研究

策略研究

调研反馈

成立课题研究小组

确定研究选题

文献梳理及资料查询

查阅文献,了解国内外相关研究现状,并进行相关理论研究

从教育主管部门获取相关资料,了解我省学前教育发展现状

制定调研计划、问卷及访谈提纲

实地考察　问卷调查　访谈调研

幼儿园师资现状及存在的问题

职前培养存在的问题　职后培训存在的问题

完善学前教育人才培养方案　构建幼儿园教师培养体系　完善幼儿园教师培训体系

幼儿园教师培养机制及政策

撰写调研报告及资政建议,上交上级管理部门

收集各类反馈意见,与时俱进,不断完善研究成果

文献归纳

历史分析

理论分析

自然观察

问卷调查

访谈法

理论演绎

逻辑推理

实践检验

案例研究

研究思路　研究内容　研究方法

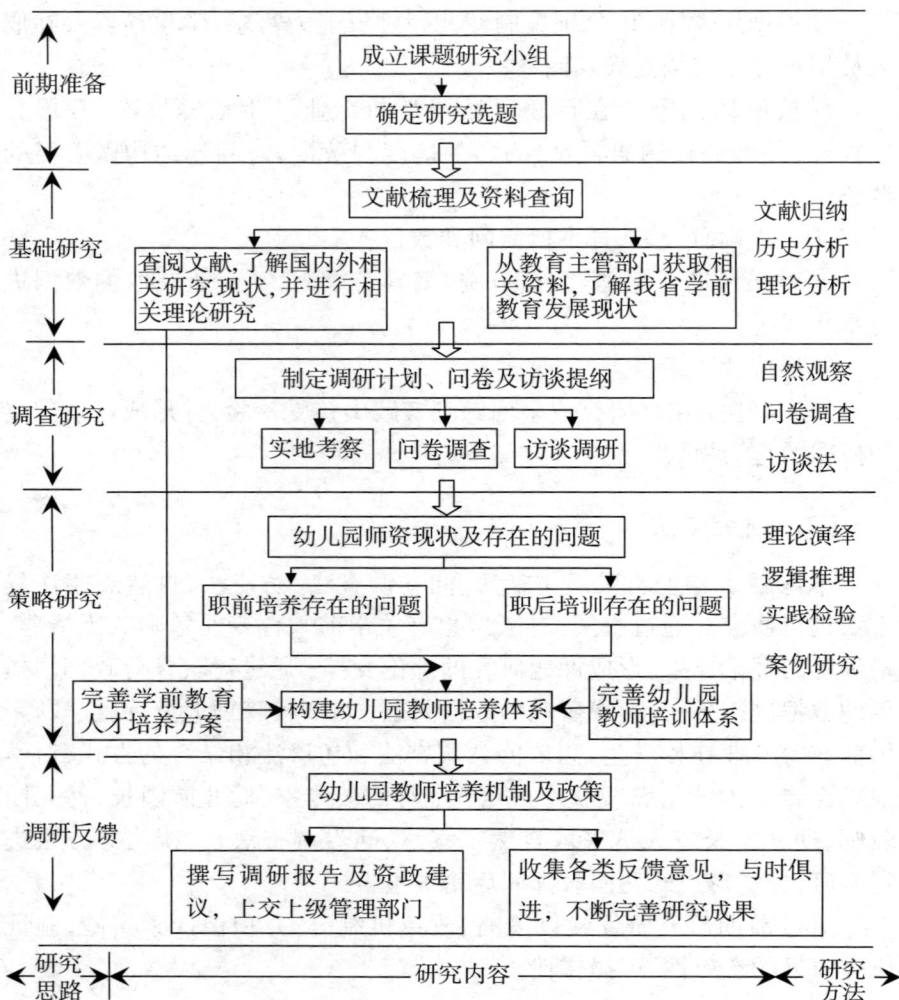

图1-1　研究内容、思路和技术路线

第四节　研究创新点

由上述"研究目的与研究意义""研究内容与研究方法"的论述可以看出,"'校·园'一体化幼儿园教师队伍培养培训模式"相关的研究

既是本课题的一项重要研究内容,也是重大创新研究成果所在。

在本研究中,提出了高职院校与幼儿园合作、融合的高级形式——"校·园"一体化(简称 C-K 一体化)培养培训模式的概念。通过分析"校·园"一体化培养培训模式的内涵、特征、运行机制等,为高职院校和幼儿园的深度合作、有效融合提供了实践基础。

为了更好地向读者展示"'校·园'一体化幼儿园教师队伍培养培训模式"研究的相关成果,本书的以下章节将从"校·园"一体化幼儿园教师培养培训模式构建的现实背景、理论基础、价值追求、方法策略、案例分析等方面来具体描绘、阐述研究的过程性资料和最终成果。当然,仅凭此一项研究无法彻底解决问题,也不可能构建出"校·园"一体化幼儿园教师培养培训的完美模式。所以,在本书的最后一章,在对本项研究进行深入反思的基础上,展望了"校·园"一体化幼儿园教师培养培训模式构建的发展前景。希望笔者本人和其他优秀研究者们就这一有价值的课题继续深入研究与探索,以期真正有益于我国幼儿园教师队伍建设,从而促进学前教育的高质量发展。

第二章 "校·园"一体化培养培训模式构建的现实背景

世界上的万事万物都是在一定的现实背景下发生和发展的。要探寻事物和问题的本源,自然离不开问题产生的现实背景。就像马克思主义的基本观点指出的那样,一切理论体系都是适应于一定时代条件的客观需要而产生和形成起来的。"校·园"一体化的幼儿园教师队伍培养培训模式自然也不例外,也有其构建的历史契机和现实背景。

第一节 历史沿革

谈到两种事物的联合或者两个阶段的一体化,其前提条件是存在着这样两种联系紧密的事物或阶段。探讨"校·园"一体化幼儿园教师培养培训模式构建的基础,便是存在着"校"方职前的培养和"园"方职后的培训两个阶段。"校"方的职前培养自教师这一职业产生以来便存在,但"园"方的职后培训却不是同步产生的。早期的教师教育只包含职前培养的阶段。

一、教师培训的产生

培训是一种有组织的、正式的学习活动,是继续教育的重要组成部分,是终身学习的一种有效途径。① 教师培训是有计划、有目标地组织教师参加与教育教学工作相关的学习活动,是一种教师教育过程。教师培训旨在改进和发展教师的专业知识、专业技能、专业态度和工作行为,从而挖掘和发挥教师的工作潜能,使教师适应教育改革和发展的需要,最终实现学校组织发展和个体专业发展的双重目标。② 根据教师培训的概念,幼儿园教师培训即指有目的、有计划地组织幼儿园教师参与的教育学习活动。幼儿园教师培训是目前一线教师的一种重要学习方式。作为幼儿园教师继续教育的重要组成部分,是促进幼儿园教师专业发展、加强幼儿园师资队伍建设的重要途径。

早期的教师教育只包含职前培养的阶段。随着社会发展速度越来越快,职前培养的内容已经不足以贯穿教师们的整个职业生涯。在职的教师们急需在岗位中继续根据社会的发展和教育的发展提升自身。于是,教师继续教育、在职培训等事物才应运而生。在新中国成立的初期,随着教育事业的逐步恢复,就出现了师资不足的情况,急需补充人才进入教师队伍。为了解决这一难题,教育部提出通过开展师资短期培训来补充师资力量,这是教师在职培训在我国发展的雏形。我国教育部在 1977 年下发的《关于加强中小学在职教师培训工作的意见》中首次使用了教师培训的概念。

二、教师培养与培训相互孤立

教师培训的概念自提出后,便与教师培养相孤立而存在。教师培训本身被大众接受,也经历了一定的历史时期。在我国教育部刚提出师资短期培训这一概念和方式时,大众观念上的不认同和工作岗位的不允许造成当时进入短期师资班的人数很少。1993 年《中华人民共和国教师法》颁布实施,在有关教师的"权利和义务"方面指出:职后参加进修或者其他方式的培训是教师的基本权利。至此,教师培训在法律

① 许占权,张妙龄. 教师培训理论与实务 [M]. 武汉:武汉大学出版社,2019:1.
② 余新. 教师培训的本质、功能和专业化走向 [J]. 教育科学研究,2010(12):41-44.

上的合法地位得以确立。1995 年国家又颁布了《中华人民共和国教育法》,其中也对教师培训方面做了详细的阐述和规定。

虽然教师培训合法化了,但是其与教师的职前培养处于相互孤立的割裂状态。因为当时教师培训的主要目的是通过职后的培训对在职教师进行学历补偿教育、转岗培训等,并未形成完整的体系。

三、教师培养与培训相互联系

随着社会的快速发展和教育改革浪潮的涌现,教师教育的观念也在发生着转变。在教育实践中涌现出来的问题使人们开始意识到教师的职前培养和职后培训不应该是生硬的、割裂的、彼此孤立的阶段,而应该相互联系。至此,大学和中小学校、幼儿园等开启了联合与合作,教师的职前培养与职后培训从相互孤立走向彼此联系的阶段。

第二节 因势利导

一、形势的转变

随着社会的转型和发展,我国的教师教育也在发生着转变。例如,师范教育向教师教育的转变;教师人事管理向教师人力资源转变;教师教育体系和培训体系,由学历教育体系向资格教育体系转变;教师教育由量的需求向质的需求转变等。[1]这些转变使得我国教师教育也需要跟着时代的步伐进行体制等方面的改革和发展。

(一)多元化开放格局转变

在我国,教师教育向着多元化开放格局转变从 21 世纪初就开始了。

进入 21 世纪后,我国的师范教育开始由原来的师范院校单独承担向其他高校共同参与的多元化开放格局转变。2001 年《国务院关于基

---

[1] 靳希斌. 教师教育模式研究 [M]. 北京:北京师范大学出版社,2009:6.

础教育改革与发展的决定》提出了完善以现有师范教育为主体,其他高校共同参与的开放的教师教育体系的新要求。2002 年 3 月,教育部又颁布了《教育部关于"十五"期间教师教育改革与发展的意见》,再次明确提出:到 2005 年初步形成以现有师范大学为主体,其他高等院校共同参与,培养和培训相衔接的开放的教师教育体系。

(二)实践型取向转变

在教师教育改革的浪潮中,职前培养阶段开始从注重理论学习转向注重实践操作。从教师整个专业发展历程来看,教师的专业发展也出现了从断裂碎片式到持续连贯式、从外促学习到内生发展、从个体自主学习到专业互助学习的转向。[①]

(三)专业化理念转变

在过去,教师这个职业并不被认为是一个专业化的职业。对于教师,尤其是对于幼儿园教师的职业教育存在着非专业、半专业化的特点。正因为一直把教师归属于非专业化或半专业化的范畴,因此,在幼儿园教师成长过程中严重缺失了完整的专业教育。教师是一门专业化的职业,应该树立教师专业化的理念。在基础教育课程改革的过程中,就要求教师能够实现两次转换。第一个转换,是把人类科学文化知识转换为课程;第二个转换就是把课程转换为人的探究过程。只有专业化的教师,才能够成功地完成这两次的转换过程。[②]

同样,对于幼儿园教师来说,在幼儿教育改革的过程中,也要实现两个基本的转换。其一,是把《3—6 岁儿童学习与指南》中儿童的发展目标、教育原则和建议转换为园本课程、班本课程;其二,是把课程转换为儿童的探究过程。这两个过程同样需要高度专业化的幼儿园教师才能做到。

(四)一体化体系结构转型

教师教育一体化包括五个方面的涵义:其一,纵向意义上的一体

---

① 杜海平 . 外促与内生:教师专业学习范式的辩证 [J]. 教育研究,2012（09）: 139-144.

② 母小勇 . 教师教育模式:走向开放 [J]. 教育理论与实践,2005（17）: 21-25.

化,即打破教师教育职前培养、入职辅导和职后培训相互分割、相互独立的局面,建立一个各阶段之间相互衔接、各方主体相互补充的一体化教师教育模式。其二,横向意义上的一体化,即充分利用各种教育资源,建立学历教育与非学历教育、正规学校教育和教师指导性学习、互助性学习等非正规教育相结合的教师教育模式。其三,发展意义上的一体化,即将教师的"师范性"和"学术性"相结合的模式,不能只强调"师范性",也不能只强调"学术性",应该在两者之间寻找恰当的平衡点,以维持它们之间的张力;发展意义上的一体化还指将教师的知识、技术、能力等智力因素发展与态度、情感、意志等非智力因素发展有机结合的模式。其四,研究意义上的一体化,即教育的理论研究与实践研究的一体化,即师范大学与中小学校、幼儿园之间结成伙伴关系,诸如反思研究、行动研究、案例研究等。其五,整体意义上的一体化,即教师教育与学校发展的一体化。[1]

二、国家政策利好

在教育部等相关部门提出的关于幼儿教师培养的政策文件中,强调了理论与实践的有机结合,提倡师范院校、职业院校与幼儿园的协同合作,为"校·园"一体化培养培训模式构建提供了政策导向。

《中共中央国务院关于学前教育深化改革规范发展的若干意见》强调:"创新培训模式,支持师范院校与优质幼儿园协同建立培训基地,强化专业学习与跟岗实践相结合,增强培训针对性和实效性,切实提高教师专业水平和科学保教能力。"

在《教育部关于大力推进教师教育课程改革的意见》中提出创新教师教育课程理念、优化教师教育课程结构、改革课程教学内容等,"加强师范生职业基本技能训练,加强教育见习,提供更多观摩名师讲课的机会。师范生到中小学和幼儿园教育实践不少于一个学期。支持建立一批教师教育改革创新试验区,建设长期稳定的中小学和幼儿园教育实习基地。"[2]

---

[1] 胡亚天.教师教育的特性与政策选择 [J].课程·教材·教法,2003（5）:59-62.

[2] 教育部.教育部关于大力推进教师教育课程改革的意见 [EB/OL].http://www.moe.gov.cn/srcsite/A10/s6991/201110/t20111008_145604.html（2011-10-08）.

国务院《关于大力发展职业教育的决定》中指出："职业教育要改革以学校和课堂为中心的传统人才培养模式,大力推行工学结合、校企合作的培养模式。"

国家层面出台的这些支持"校·园"一体化幼儿园教师培养培训模式构建的政策,一方面是由于教师专业发展的需要和理论—实践能力导向的需要,同时,也是促进各地区学前教育质量均衡发展的重要举措。《中国教育现代化2035》提出了要在总体上实现教育现代化的目标,具体来说,首先要实现教育的"基本均衡",其次,要在此基础上大力发展"优质均衡"。教育均衡发展是建设教育强国绕不开的话题。从义务教育层面来说,大学与中小学之间建立伙伴关系可以促进基础教育学校的改进,也使得高校教育研究从理论转向实践关照和指导。这就有利于一些教育薄弱力量学校的改造、有利于优质学校的建设,帮助基础学校实现现代化、个性化、特色化和多样化的发展,从而推动教育资源的优质均衡发展。同样,对于学前教育来说,发展的不均衡性问题更加严重和突出。通过"校·园"一体化幼儿园教师培养培训模式的构建,对于优质幼儿园建设和"薄弱型"幼儿园的改造提升都具有十分重要的意义。这也是国家大力提倡师范教育院校和中小学、幼儿园之间密切合作的原因所在。

第三节 现实需要

自党的十九大报告把"幼有所育"作为保障和改善民生的重要内容,各级政府积极贯彻落实党的政策,推动各地区学前教育快速发展。在2011年教育部哲学社会科学发展报告建设(培育)项目"中国学前教育发展报告"的建设成果《中国学前教育发展报告:幼儿园教师队伍建设》中,庞丽娟等根据《2012年全国教育事业发展统计公报》和《中国教育统计年鉴2012》,详细梳理了截至2012年中国幼儿园教师队伍建设的现状、问题、影响因素。之后,幼儿园教师队伍建设的状况又如何呢?

一、幼儿园教师队伍建设的现状

教育部教师工作司在《〈幼儿园教师专业标准（试行）〉解读》中谈到我国幼儿园教师队伍的现实状况时明确指出："虽然我们拥有世界上最庞大的幼儿教育体系，但我们还面临很多的问题和困难，其中师资是核心问题之一。无论从数量上还是质量上，我们的师资队伍都还需要不断地完善，幼儿园教师专业化是完善师资队伍的一项重要工程。"[①] 通过梳理 2013 年至 2019 年间教育部发布的《全国教育事业发展情况》《全国教育事业发展统计公报》《中国教育统计年鉴 2018》，笔者总结了近些年来幼儿园教师队伍的发展状况。

表 2-1 2013—2019 年幼儿园教师队伍建设统计情况一览表

年份	幼儿园数量（单位：万所）	毛入园率	专任教师数量（单位：万人）	专科及以上学历教师比例	接受过学前教育专业教师比例	生师比
2013 年	19.9	67.5%	166.3	68.2%	63.9%	19.4：1
2014 年	21.0	70.5%	184.4	70.9%	64.5%	18.7：1
2015 年	22.4	75.0%	205.1	73.8%	65.7%	18.1：1
2016 年	24.0	77.4%	223.2	76.5%	67.6%	17.6：1
2017 年	25.5	79.6%	243.2	79.1%	69.3%	17.2：1
2018 年	26.7	81.7%	258.1	81.0%	70.9%	16.6：1
2019 年	28.1	83.4%	276.3	82.7%	71.3%	15.9：1

由"2013—2019 年幼儿园教师队伍建设统计情况一览表"可知，幼儿园教师队伍建设的发展现状呈现出以下特点：

（一）专任教师数量逐年稳步上升，但仍不足

学前教育事业发展快速，幼儿园专任教师的数量呈现出持续增长、稳步提升的状态。尤其是 2013 年、2014 年的教育发展情况显示，在所有类型学校专任教师数量增长的情况下，幼儿园专任教师数量增长较快。但从生师比的数据可以看出，幼儿园教师的数量仍呈不足的状态。

---

① 教育部教师工作司.《幼儿园教师专业标准（试行）》解读 [M]. 北京：北京师范大学出版社,2013：12.

（二）生师比逐年下降,但仍未达标

《幼儿园教职工配备标准(暂行)》提出不同服务类型幼儿园教职工与幼儿的配备比例:全日制幼儿园教职工与幼儿比应在 1∶5—1∶7、保教人员与幼儿比应在 1∶7—1∶9;半日制幼儿园教职工与幼儿比应在 1∶8—1∶10、保教人员与幼儿比应在 1∶11—1∶13。由此可以看出,在幼儿园专任教师呈现逐年稳步增长的态势下,幼儿园的生师比出现了逐年下降的趋势,但是仍未达到标准。

（三）专科及以上学历教师比例逐年上升

专科及以上学历教师的比例从 2013 年的 68.2% 增长为 2019 年的 82.7%,由此可以看出,专科及以上学历教师比例呈现逐年上升的状态。

（四）接受过学前专业教育教师的比例逐年上升

接受过学前专业教育教师比例在逐年上升,从 2013 年的 63.9% 上升到 2019 年的 71.3%。

二、幼儿园教师队伍建设存在的问题

目前,不同研究者对幼儿园教师队伍的现状调查研究是针对不同地区(城市、农村、少数民族地区等)和不同性质幼儿园(公办、民办、普惠性质等)展开的,结果却惊人地相似,反映出幼儿园教师队伍结构不合理、不完善的问题。从队伍的数量、质量、配比和稳定性等方面来分析,不合理和不完善之处主要体现在以下几个方面:

（一）数量上的"供不应求"

从 2010 年《国家中长期教育改革和发展规划纲要(2010—2020)》提出"基本普及学前教育"政策,到同年 11 月国务院下发《关于当前发展学前教育的若干意见》提出"把发展学前教育摆在更加重要的位置""加大政府投入,新建、改建、扩建一批安全、适用的幼儿园""鼓励社会力量以多种形式举办幼儿园"等具体举措后,各地区积极行动,学前教育事业得到空前迅速发展,同时对幼儿园教师的需求量也急剧增长。自此后,幼儿园教师一直处于紧缺状态。这从作为大连地区学前

教育师资培养主要机构的大连职业技术学院学前教育专业毕业生持续供不应求的状况可见一斑。[①] 从对农村普惠性民办幼儿园教师队伍的现状调查研究中也发现了"某市学前教育 3 年行动计划中,共增加幼儿教师岗位 2265 个,但当地学前教育院校共培养 1667 人次在本地顶岗,存在至少 598 人次的差距"等问题。[②]

(二)质量上的专业化水平不高

幼儿园教师队伍是学前教育事业发展的关键和核心,但目前诸多研究都表明,教师队伍存在着专业化水平不高等问题。主要表现在"专业素养偏低"[③]"文化素养偏低""教育实践能力偏低"[④]"科研能力不足""理论与实践相结合能力欠缺""教育理念滞后"[⑤] 等。从社会现象也能反映出幼儿园教师队伍专业化水平不高。幼儿园频繁发生的虐童事件或幼儿园教师的体罚幼儿行为,一方面是部分幼儿园教师个人心理和素质的问题,更重要的还是幼儿园教师的专业性不够。另外,地域差异、学历背景等差异,也导致教师队伍专业化水平发展不均衡。

(三)教师队伍性别结构、城乡结构不平衡

一项对四个城市幼儿园教师队伍的调研发现,238 位幼儿园教师中,只有 5 名是男性,且其中还有 3 人为管理人员,另外 2 位为刚毕业的学生。男性教师的缺少会在一定程度上影响幼儿对性别角色的认同和发展。[⑥] 可以说,在教师行业,男女教师的比例本身就不是十分均衡

---

① 周东恩.高职学前教育专业毕业生现状与职业能力研究——以大连职业技术学院为例 [J].辽宁师专学报(社会科学版),2014(04):102.

② 刘凤英,李艳旭.农村普惠性民办幼儿园师资建设的问题及对策 [J].当代教育理论与实践,2016(03):11–13.

③ 秦萍.学前教育体系下师资培养教育质量管理研究 [J].中国教育学刊,2019(07):219–220.

④ 林红.区域幼儿教师专业化发展的现实问题与对策[J].黑龙江科技信息,2011(09):209.

⑤ 李娜,张冉.我国幼儿教师队伍建设之现存问题与对策思考 [J].中国成人教育,2011(06):26–27.

⑥ 李娜,张冉.我国幼儿教师队伍建设之现存问题与对策 [J].中国成人教育,2011(06):26–27.

的,在幼儿教育阶段,由于其教育的特殊性,这种不平衡尤为明显。[1] 除性别结构外,教师队伍在城乡结构上也呈现不均衡的状态。

（四）稳定性上的"流动性强"

某课题组以北京市、辽宁省、山东省、贵州省、四川省、广东省六省市幼儿园教师开展抽样调查,结果显示"超过三分之一的幼儿园教师表示如果有机会,想离开幼儿园从事其他工作"。[2] 如此高的离职倾向带来了教师队伍的不稳定,严重影响教师队伍的发展。

三、幼儿园教师队伍建设的影响因素

造成以上幼儿园教师队伍不合理、不完善问题的原因包括以下几方面：

（一）工作强度大,工资待遇低

"幼儿教师普遍面临着工作强度大而待遇偏低、付出多而获得的社会关爱少的双重矛盾与尴尬","编制数量少、收入普遍偏低、权益缺乏有力保障"是造成幼儿园教师队伍流动性强、队伍不稳定的重要原因。[3] 如大连职业技术学院毕业生就面临着"大专学历严重制约了毕业生的考编率,也影响了部分毕业生的职业忠诚度,继而选择其他职业继续发展"的状况。[4]

（二）工作要求高,社会地位低

在一项对农村普惠性民办幼儿园教师队伍的调研中发现,只有27.6%的幼儿园教师认为自己是受人尊重的,而32.9%的教师感到工作

① 秦萍 . 学前教育体系下师资培养教育质量管理研究 [J]. 中国教育学刊,2019（07）：219-220.

② 洪秀敏,赵思婕,张明珠 . 如何破解幼儿园流"师"之因——六省市教师离职倾向的调查与审思 [J]. 现代教育管理,2021（01）：69-75.

③ 殷文靖 . 学前教育师资队伍建设存在问题及对策 [J]. 文教资料,2019（02）：115-116.

④ 周东恩 . 高职学前教育专业毕业生现状与职业能力研究——以大连职业技术学院为例 [J]. 辽宁师专学报（社会科学版）,2014（04）：102.

压力太大,30% 的教师表示家长的要求太高。① 由此可见,家长、行业、社会对幼儿园教师的要求虽然越来越高,但幼儿园教师的社会地位并没有多大的提高。"不受尊重"也是造成幼儿园教师队伍流失的主要原因之一。

（三）专业化程度高,准入制度、培养体系不健全

幼儿园教师是一个专业化程度较高的职业,而要培养出专业化程度高的教师,就要有健全的准入制度、高质量的培养体系。但目前来看,幼儿园教师准入制度不健全,从业标准偏低。且职前培养与职后培训都存在着一定的问题,导致了目前幼儿园教师队伍专业化水平不高、专业素养偏低的问题,影响了学前教育的质量。

在《中国学前教育发展报告:幼儿园教师队伍建设》一书中,作者曾提出"幼儿园教师法律身份不明确","政府经费投入不足,分配不均衡","社会要求高","体制机制不完善(幼儿园教师资格制度不完善、幼儿园教师职称认定制度不完善)","教师待遇低,差距大","职前培养层次低,职前职后连续性不强,制度不完善","缺乏维护幼儿园教师基本权益的渠道"等方面的影响因素②。从以上影响因素入手,是解决幼儿园教师队伍建设问题的关键。但有些问题由来已久,需要政府、社会、幼儿教师等多方的协同努力,并非一朝一夕之功。"校·园"一体化幼儿园教师队伍培养培训模式研究是从"职前培养""职后培训""职前职后连续性、贯通性、一体性"等方面入手探索幼儿园教师队伍建设的推进策略。

第四节　合作共赢

校企合作理念是应社会所需,将学校的人才培养与市场紧密接轨,与企业高效合作,实践与理论相结合的全新理念。在这种理念的指引

---

① 刘凤英,李艳旭. 农村普惠性民办幼儿园师资建设的问题及对策 [J]. 当代教育理论与实践,2016,8（03）:11-13.

② 庞丽娟,洪秀敏,姜勇. 中国学前教育发展报告:幼儿园教师队伍建设 [M]. 北京:北京师范大学出版社,2016:52-56.

下，越来越多的职业院校将校企合作提上重要日程。它们通过与企业之间建立合作的教育"双赢"模式，注重学生在校学习与企业实践的结合，实现了学校与企业资源、信息共享，达成了人才培养的实用性、实效性、高质量。聚焦到学前教育行业，由于学前教育师资的短缺，职业学院学前教育的大力发展，校企合作培养幼儿园教师也成为一种主要模式和路径。早在 1986 年，美国卡内基基金会的《国家为 21 世纪准备教师》中指出："为教师职业准备的最好环境是一所联系中小学、幼儿园和大学的临床教学学校。"2017 年 10 月 18 日，习近平总书记在十九大报告中指出"优先发展教育事业"，"完善职业教育和培训体系，深化产教融合、校企合作"。党中央和国务院在就如何育人问题进行重大决策部署时也曾经指出，高等教育必须落实立德树人这一根本任务，深度融合政府、学校和行业企业等各育人主体。

校企合作的基础就是寻求合作的共赢点，除政策支持外，幼教企业参与校企合作可以获得专业指导、技术服务、资源平台支持、行业发展信息动态、人才储备等方面的赢利，高校参与校企合作可以获得专业建设、师资队伍建设、教师企业实践、学生企业实习等方面的赢利。"'校·园'一体化幼儿园教师队伍培养培训模式研究"正是基于校企合作"共建共赢"的理念引领。

高职院校在开展专业建设、课程建设、专业师资队伍建设、外聘师资队伍建设、校外实训基地建设、技术服务开发、学生实习等教学工作时，针对幼教园所的特点，发挥不同幼教园所的特色，形成百花齐放、各具特色的良好校企合作格局，如与区域内龙头幼教机构签订订单班，与区域内五星级幼儿园开展专业建设、互聘师资、安排顶岗实习合作项目等。幼教园所结合自身园所规模、师资状况、办园特色、发展需求有计划地与高校进行探索性的校企合作，如提出订单培养计划，由校企共同研发制定订单教学内容；提出师资培训需求，由校企共同研发园本培训项目；提出其他技术支持需求，由校企共同研发给予技术支持等。"'校·园'一体化幼儿园教师队伍培养培训模式研究"正是基于"校·园"双方实际内在需求而进行的。

第三章 "校·园"一体化培养培训模式构建的历史进程

　　"校·园"一体化培养培训模式中,"校"(College)指职业院校或高等师专学校,"园"(Kindergarten)指幼儿园。"校·园"一体化培养培训模式(简称C–K)是指在全球校企合作培养专业人才的理念背景下,为响应党中央关于幼儿园教师队伍建设的相关要求,职业院校或高等师专学校与幼儿园联合,通过深度融合的合作,使幼儿园教师获得职前职后一体化教育,从而实现更好的专业发展的培养培训模式。任何一种新生事物的出现都不是偶然的,"校·园"一体化幼儿园教师培养培训模式的出现也有着一定的历史渊源,是在经历了一定时期的历史演进和发展历程后形成和发展的。

第一节 教师教育模式

一、模式

　　在教育领域里,"模式"多被看作是"可以作为范本、摹本、变本的样式。"①

二、教师教育

　　教师教育的概念在我国正式文件中首次出现是在《中共中央关于教育改革全面推进素质教育的决定》中,《决定》明确指出:"完善教师教育体系,深化人事制度改革,大力加强中小学教师队伍建设。"教师教育,是对教师培养和培训的统称,是师范教育与教师继续教育相互联系、相互促进、统一组织的现代体制,是实现教师终身学习、终身发展的历史要求,即教师教育是对教师职前培养、入职辅导和职后培训的统称。② 类比到幼儿园教师教育,即是指幼儿园教师职前培养、入职辅导和职后培训的统称。

　　教育部教育司原司长王定华在《用奋进之笔谱写新时代教师队伍建设新篇章》一文中指出:"教师教育是教育事业的工作母机,是教师队伍建设的源头活水,是先导性、关键性、基础性工作。"

三、教师教育模式

　　教师教育模式可以理解为是教师教育的构成要素及其相互影响和运行的方式,即从事教师教育的培训主体、受教育主体、管理主体之间构建的交互复杂的关系及其各要素与教师教育理念、目标、教育中介物等之间形成的运作方式。③

　　如图 3-1 所示,构成教师教育模式的四个要素结成了一个空间四面体。在这四个要素中,有一个发生变化,整个场域中各个要素之间的关系、作用等都会发生一定的变化,重新博弈,达到新的平衡,形成一种新的教师教育模式。④

---

① 赵静.英国"以学校为基地的"教师培养模式研究 [D]. 南京师范大学,2006.
② 饶武.美国教师教育课程演进及其对我国的启示 [D]. 江西师范大学,2006.
③ 靳希斌.教师教育模式研究 [M]. 北京:北京师范大学出版社,2009:3.
④ 靳希斌.教师教育模式研究 [M]. 北京:北京师范大学出版社,2009:4.

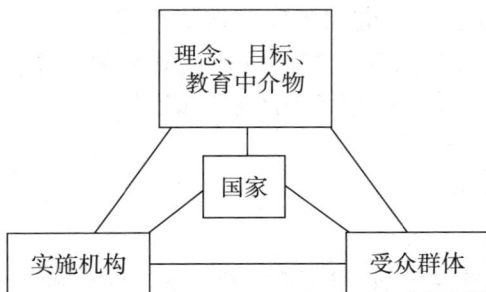

图 3-1 教师教育模式的构成要素

我国目前已经出现的教师教育模式均是在以上四个要素中的一个甚至两个发生变化的情况下形成的。例如,由于实施机构的不同,出现了:

以高等师范院校或综合性大学为主体的"高校为本模式";

以高校和中小学为培养主体的"高校—中小学为本模式";

师范类院校或综合性大学负责职前、入职和教育学院、教师进修学校负责在职继续教育的"二元分离模式";

高校(高校—中小学)统一负责教师的职前、入职、职后培养的"一元或一体化模式"。

当教师教育理念和目标这一要素发生变化时,出现了:

学校教给教师终身受用的知识与技能的"一次性教师教育模式";

教师需要不断进修、学习、回归学校再教育的"终身或回归教师教育模式"等。[①]

第二节 "U-S"——"大学—中小学校"合作模式的产生与实践

"U-S"(University-School Cooperation)合作是大学(University)与中小学(School)合作的简称,是大学和中小学合作的一种伙伴关系,

———————————

① 沈有禄.试论我国教师教育模式变革的路径与政策[J].黑龙江高教研究,2007(1).

最先在美国和英国产生,应用于职前教师培养,[①] 主要是指培养中小学教师的大学与中小学之间相互形成互利共生的合作关系,共同致力于师范生的专业成长和中小学教师的专业化。

一、历史契机

高等院校教育理论研究的实践转向为"U–S"模式的构建提供了历史契机。20世纪六七十年代,美国进行了以课程改革为核心的基础教育改革。为了提高学校教育质量水平,设置和编制新课程成为大学与中小学合作的主要任务,以高校教育研究者为核心力量,与中小学联合开展了大量的行动研究。尤其是自1986年美国霍姆斯小组提出"教师专业发展学校"的理论构想后,欧美等一些发达国家率先开始进行实践推行和探索。可以说,从注重理论学习转向关注实践操作的教师教育改革趋势为"U–S"模式的发展提供了目标导向和肥沃土壤。

促进"U–S"大学与中小学合作包括几个关键历史点。"U–S"大学与中小学合作模式产生首先是来自高等院校教育研究从"书斋式"向实践的转向。高等院校教育行动研究的增势不仅实现了教育研究的一种转向,并且对基础教育阶段的改革起到了非常大的推动作用。在这些行动研究中,"U–S"大学与中小学的合作关系初步建构,来自高等院校的研究者与中小学教师虽是不同的活动主体,却在开展行动研究的过程中跨界合作。

20世纪80年代,教育行政部门开始倡导中小学教师参与科学研究,从事教育科研工作。这样能够提升学校教育的质量,以适应世界教育改革的潮流,也能满足中小学校自身发展的要求。

20世纪90年代,随着社会学、人类学质性研究方法在教育领域内的再次兴起,以裴娣娜等学者为首的学者们纷纷注重实践中的质性研究。许多师范院校和大学的老师们开始走出象牙塔,不再只进行"书斋式"研究,而是与中小学校合作,开展实实在在的教育研究。

---

① 崔奇珩 .U–S 合作视角下幼儿教师教科研素养提升策略研究 [D]. 延边大学,2019:12.

二、国外模式构建

在各国尤其是美国积极探索旨在推进基础教育改革和发展的大学与中小学之间伙伴关系的进程中,形成了不同的"U-S"合作模式。这其中以英国的伙伴关系学校(Partnership Schools)和美国的教师专业发展学校(Professional Development School)为典型代表。[①]

美国"教师专业发展学校"(Professional Development School, PDS)是以教师教育为根本,高校与中小学合作,实现教师的职前培养与在职教师职后培训一体贯通为理念的教师专业发展学校。[②]

英国"伙伴关系学校"(Partnership Schools),是强调大学与中小学校合作安排完成实习课程,通过中小学校教师的传帮带和实践活动来实现未来教师专业发展的职前教师教育实践模式。[③]

芬兰"合作行动计划"(Cooperative Action Plan, CAP)是新手教师在工作场域中学习的一种实践模式,强调有效的教师学习是在工作场域中学习,是职后教师教育的一次实践探索。通过与高校建立联系,对教师进行为期一年的培训,主要包括管理者(校长)、指导教师和新手教师、教育专家(研究者)。计划分为四个阶段,教师学习的第一阶段和最后阶段为理论学习阶段,第二阶段和第三阶段为实践学习阶段。[④]

美国城市教师驻校计划(Urban Teacher Residency, UTR 计划)是为改善美国城市学区普遍存在的教师流动与流失严重的窘境,奥巴马政府大力扶植并推行的一项旨在为师资紧缺城区学校输送师资的一体化教师培养计划,被赞誉为"美国城市教师教育的'第三条道路'",在全美推广普及。[⑤]

① 孙自强,王标 . U-S 合作的主要形式、现实困境及应然路径 [J]. 现代中小学教育,2016, 32(2): 8–10.

② 孙玉洁 . 在 U-K 互助中生成专业自觉——幼儿教师驻园培养模式研究 [M]. 北京:科学出版社,2018: 2.

③ 辛艳华 . 伙伴学校——英国职前教师教育实践模式及启示 [D]. 河北师范大学,2012: 7.

④ 冯国利,周东恩 . 幼儿园教师"校园"双主体培养的实践探索——以大连职业技术学院学前教育专业为例 [J]. 中国职业技术教育,2016(20): 38–39.

⑤ 石长地,郭玲 . 教师教育改革的新方向——美国城市教师驻校培养模式探析 [J]. 人民教育,2012(17): 49–51.

拓展阅读:

在 20 世纪 80 年代,美国讨论要为培养 21 世纪的教师做准备,积极改革师范教育和教师职业教育。他们认为,改革教育可以更好地应对经济危机。于是 1985 年 1 月,卡内基公司为了应对美国面临的经济挑战,建立了卡内基教育和经济论坛。担任此项目主席的公司主席汉伯格选择了企业家、州长、州教育总监、科学家和教育家等人员组成了工作小组,命名为"教育作为一种专门职业"工作组,致力于研究师范教育和教师职业的相关问题。1986 年 5 月,在经过了一年的调查研究和努力后,工作小组发表了一份《国家为培养 21 世纪教师做准备》的报告。报告主要提出了以下几点建议,为世界范围内的教师教育带来了一定的影响。

建议一:由持有教师资格证书的教师和教育专家、政府官员、学校领导、高校负责人和社会人士组建一个全国专业教学标准委员会。委员会的主要职责是建立一个教师职业较高的标准体系,并向达到标准的人员颁发资格证书。报告同时建议,将教师资格证书分为普通和高级两种。

建议二:要对学校进行改组,以增加教师的自主权,使之在专业工作上更加高效发挥;同时建议为教师配备教学辅助人员。通过这一系列改组学校的措施,为教师提供良好的教学环境。

建议三:要对教师队伍进行改组、重建,以教师自身的力量指导教师。意思是在教师队伍中,从持有高级教师资格证书的优秀教师中选拔、组织一支"指导教师"的力量,以指导和带动其他教师提升学术和教学的水平。

建议四:报告建议废除教育学士学位。报告认为,师范生在成为真正的教师之前,在接触教育专业的学习之前,应该有一定通识知识基础。因此,师范生要在获得文科或理科的学士学位后,再开始学习师范类专业研究生层次的课程,并取得教学硕士学位。

建议五:充分利用国家教育资源。通过国家资源的调动,培养少数民族青年从事教师职业。

建议六:提升教师职业的竞争力,规范教师职业的晋升体制。要让教师职业,包括其工资、晋升机会等与其他行业具有相等的竞争力。在规范晋升体制方面,建议将对教师的物质奖励与学生的学习成绩紧密结合起来。

三、国内合作办学状况

英美等发达国家"U–S"合作模式构建为我国中小学教师队伍建设带来一定启示。具体来说,其为推进基础教育发展的教师专业发展学校模式构建,为我国中小学的改革与发展、教师队伍建设提供了一定的借鉴,为"U–S"合作关系构建提供了一定的参考。

例如,从 2006 年至今的十余年间,我国的教师教育工作者对"U–S"合作模式构建的典型经验——美国教师专业发展学校(简称 PDS)——进行了相关的研究。从 2006 年中国轻工业出版社出版的《美国教师发展学校》(达林 – 哈蒙主编、王晓华等译)一书中对教师专业发展学校的全面、系统介绍,到 2009 年北京师范大学出版社出版的《教师专业发展研究》(王长纯著)、2010 年教育科学出版社出版的《重新理解教育:来自教师专业发展学校的报告》(宁虹、王志江等著)、2012 年人民出版社出版的《在互动中促动专业觉醒:教师专业发展学校之本土化研究》(孙玉洁著)、2014 年云南科学技术出版社出版的《云南农村中小学教师专业发展学校的理论研究》(罗华玲、李天凤等著)中将 PDS 教育理念中国化的成果呈现,再到 2015 年华中科技大学出版社出版的《大学与中小学融合共生:教师专业发展学校建设研究》(潘海燕、余娟著)中对近些年来教师发展学校研究新进展的阐述,这些研究和专著都表明了学者们的基本立场:借鉴西方成熟教师教育经验是重要的,但是不能停留在此。我们要探讨的是如何才能将国外"U–S"合作的相关经验进行中国化和本土化,实现国内高校和中小学校的双赢。①

研究者们积极开展了"U–S"合作模式本土化的相关研究,取得了一定的成果。总体来说,我国的大学和中小学的合作呈现出"三阶段、三主体、三类型"的特点。

(一)"三阶段"

从国内各师范院校、各大学和中小学校之间的合作发展历史轨迹来看,大概呈现出了三个发展阶段。

第一阶段,从完全隔绝孤立到"游离式参与"阶段。

---

① 孙玉洁. 在 U–K 互助中生成专业自觉——幼儿教师驻园培养模式研究 [M]. 北京:科学出版社,2018:3–4.

这一阶段存在于 19 世纪之前。在这个时期,高等院校的师范教育基本上可以说是完全隔绝孤立的两个体系。到了 19 世纪之后,受国际上教师教育思潮的相关影响,国内的相关研究者和教育工作者开始反思教师在实践层面出现问题的根源。于是,大学和中小学校开始从完全隔绝孤立过渡到"游离式参与",以各师范院校和各大学开始设立自己附属的中小学校为标志。例如,1871 年,清政府执政阶段支持建立的地处上海的南洋公学就是一所同时拥有师范院(师范学院)、外院(小学)、中院(中学)、上院(大学)的学校。[①]

第二阶段,从彼此观望试探到"走近式联系"阶段。

各附属学校的建立加强了各师范院校和各大学与中小学之间的联系,这给了曾经彼此孤立隔绝的双方一个观望、试探的机会。加上对教师教育实践知识和实践能力的提倡、社会对教师越来越高的期望和要求、国际"U-S"合作理论的冲击、英美等发达国家教师发展学校实践的影响,助推了我国各师范院校、大学与中小学校进入到"走近式联系"阶段。

第三阶段,从双方冲突频发到"走近式融合"阶段。

在开始"走近式"的联系与合作后,各师范院校、各大学和中小学校之间出现了一个双方冲突频发的现象。事实上,在人际交往和互动的领域,这是一种正常的现象。师范院校、大学和中小学校之间是不同的教育体系,教育职责不同,运行机制等都不相同,且由不同的教育部门管理,重点是在彼此磨合的过程中化解这些冲突,进入"走进式融合"阶段,才能实现真正意义上的合作。目前来看,国内各师范院校、各大学和中小学校之间的合作正朝着好的方向发展:在合作的方式上根据双方需要而不断丰富,在合作的内容上不断延伸和拓展,在合作的程度上逐步深入。

(二)"三主体"

随着各师范院校、各大学与中小学校之间合作形式的不断丰富及其合作需求的提高,现在的合作逐渐从"单主体"到"双主体"再发展到"三主体"。

---

① 杨小微. 大学与中小学的文化互动与共生 [J]. 教育发展研究,2011,20: 15–22.

1. "单主体"

为什么说最早的合作中是"单主体"呢？从合作的意义上来讲，既然已经合作了，岂不就是意味着最少有两个主体的参与吗？在理论的应然状态下，确实应该这么理解。但是，从各师范院校和各大学与中小学校早期的合作中可以发现，双方在合作中出现"地位不平等"的现象。基本上师范院校和各大学作为一个较为"上位"的概念在指导着中小学的教育实践。这一点从上述南洋公学对其各个级别学校的命名也可见一斑(小学称为外院)。因此，可以说，那个时候的"合作"还不能算是真正意义上的合作，而是呈现出"单主体"的特点。

2. "双主体"

随着社会的发展和人们生活水平的提高，社会及广大人民群众对教师的期望和要求越来越高。在这样的时代和历史背景下，各师范院校和各大学开始反思自己培养的师范生为什么不能适应中小学校的实际需求、不能符合社会大众对教师的期望。提高教师培养质量也成为各师范院校和各大学的核心改革焦点。人们越来越注重教师的实际知识和实践能力，各师范院校和各大学不再只是"高高在上"地指导中小学教育的实践，而是也通过合作，从中小学校那里吸收经验，调整自身的教师培养课程体系等。也就是在这种情况下，各师范院校、各大学与中小学校之间才真正实现了"双主体"的合作。

3. "三主体"

"三主体"，在现在的文献资料里也有的称之为"三方合作""中介合作"。现在"三主体"的合作已经成为办学的一种较为主要的形式。那么，为什么逐渐发展成了"三主体"的形式呢？或者说为什么要在师范院校、大学和中小学校之间引入第三方的力量呢？前文已经提到，师范院校、大学和中小学校之间是不同的教育体系，教育职责不同、运行机制等都不相同，且由不同的教育部门管理，曾经在彼此合作尝试的过程中经历了"冲突频发"的阶段。"由于第三方组织机构通常会有比中小学更多的行政资源、资金分配权力等，它的介入可以更有效地保障高校与中小学校之间的合作，也可以承担必要的协调人工作，有利于合作办学的顺利开展。"① 根据第三方主体的不同,三方合作也分为了不同的类型,主要有以下三种。

一是以地区为中介的"大学—区域—中小学校"模式,简称"U–D–S";二是以地方政府为中介的"大学—地方政府—中小学校"模式,简称"U–G–S";三是以教育行政部门为中介的"大学—地方教育局—中小学校"模式,简称"U–A–S"。

师范院校或大学和组织机构、中小学校之间的合作从教学和研究两个层面的实际表现形式来看,主要有三种:一是主要促进职后教师专业发展的"国培计划"及其类似项目;二是促进职前和职后教师共同发展的"顶岗实习—置换研修"项目;三是旨在促进职前、职后教师和中小学生发展的助推项目。② 这其中包含有"课题挂帅的实验基地模式、专题讲座的理论培训模式、专业引领的校本研修模式、专业服务的校本研修模式和合作共同体的教师教育模式等不同的方式"。③

总体来说,"U–S"("大学—中小学校")合作模式在借鉴国外先进理论和实践经验的基础上正在逐步地本土化,除了上述的一些教师发展学校的本土化行动研究积累了一定的经验外,一些研究者开始通过将"大学—中小学校"合作模式与中国国情和教育发展实际状况结合在一起看待这一模式未来的发展。例如,华东师范大学基础教育改革与发展研究所所长杨小微教授莅临湖北大学教育学院进行指导课题实践时,面向来自教育学系、心理学系和教育技术学系的师生作了一场题为"U–S 协作中的学校变革机制探寻"的报告。在此次报告中,杨教授首先立足教育公平视角,深刻解读了人口大迁移的背景和城镇化的发展,指出"U–S"协作旨在使义务教育"有前提地'普惠',有差异地'平等',更优质地'公平'"。后来,杨教授围绕基教所的课题活动,从中美、中澳"U–S"合作模式的实践探索和基教所近期推进的"三大计划"两方面讲述了"U–S 协作"的现状,进而介绍了"U–S"协作下的学校变革机制,

① 李鸣华.教师专业发展新思路:大学与中小学信息化合作模式研究.序言[M].杭州:浙江工商大学出版社,2017:2.

② 孙自强,王标.U–S合作的主要形式、现实困境及应然路径[J].现代中小学教育,2016,32(2):8–10.

③ 孙玉洁.在互动中促进专业觉醒——教师专业发展学校本土化实践研究[M].北京:人民出版社,2012:215–216.

即评估—咨询意义上的第三方介入机制、引资—研训意义上的多方参与机制和共创—共建意义上的多主体合作机制。在此基础上,杨教授从转变意义、优化关系、互动多元、开放系统的角度,构想了经由体制机制创新走向"教育治理现代化"的新景观。[①]

不过从总体情况来看,全国大部分的师范院校、大学还停留在附设附属中小学校的层面,并没有过多地介入地方性、区域性的办学、展学计划和行动中,无论是合作经验还是相关理论的形成和分析都不足。

第三节　"U-K"——"大学—幼儿园"互助模式的形成与发展

一、"U-K"的内涵

U(University)即培养幼儿园教师的师范大学或师范学院,K(Kindergarten)即幼儿园。

二、"U-K"专业实践共同体

"高校—幼儿园"专业实践共同体,简称"U-K"专业实践共同体,是"高校与幼儿园基于合作共赢的目的共同建设的、有助于高校学前教育专业人才培养和幼儿园教师专业成长的一种新型组织"。[②]

三、"U-K"共生性合作人才培养模式

"U-K"共生性合作人才培养模式,即充分发挥和利用高师院校

---

① 杨小微.U-S协作中的学校变革机制探寻[EB/OL].https://www.zzyedu.org/info_detail_info7397.html(2019-01-03).

② 胡碧霞."高校—幼儿园"专业实践共同体的内涵与特征[J].教育与职业,2014(29):160-163.

在幼儿教育理念与理论上的优势，以及幼儿园在实践方面的专长，将二者有机结合，形成一种互动机制，共同为提高幼儿教师的培养质量服务。①

四、"G-U-K" 融园培养模式

幼儿园教师"G-U-K"融园培养模式，G（Government）即政府职能部门，U（University）即培养幼儿教师的师范大学或师范学院，K（Kindergarten）即幼儿园，是一种旨在依托当地教育行政职能部门，协同大学、幼儿园/学前教育机构形成多方力量协同的卓越幼儿园教师培养综合体。②

越来越多的研究者认识到学前教育专业的职前教育和幼儿园教师职后培养不应该生硬割裂开来看，而应该是有机统一体。例如，有研究者指出，幼儿教师的教育在职前、职后以及之间的衔接各个阶段都必须重视，且可以采用多样化的方法尤其是操作性的方法来促进成效的提升。在明确幼儿教师专业标准的基础上，要建立"职前职后一体化"的教育体系，建构合作互助平台培养模式。③

对于职前学校教育和职后幼儿园培训，已有的一些研究从理论上分析了两者结合的形成机制，并进行了双主体联合培养模式的探索与实践，主要包括"U-K 共生性合作的幼儿教师培养模式"④、"U-K 专业实践共同体"⑤、"U-G-K 幼儿教师协同培养模式"⑥、"G-U-K 融园培养

① 谢桂新.U-K 共生性合作的幼儿教师培养模式研究 [J]. 惠州学院学报（社会科学版），2015（08）：109.

② 王亚.少数民族地区卓越幼儿园教师"G-U-K"融园培养模式与实践探索 [J]. 陕西学前师范学院学报（社会科学版），2020（06）：55-56.

③ 张佳.企办幼儿园卓越幼儿教师培养模式研究 [D]. 内蒙古师范大学，2016：9-10.

④ 谢桂新.U-K 共生性合作的幼儿教师培养模式研究 [J]. 惠州学院学报（社会科学版），2015（08）：109-113.

⑤ 胡碧霞，赵红霞."高校—幼儿园"专业实践共同体的构建模式 [J]. 连云港师范高等专科学校学报，2015（04）：72-76.

⑥ 李雪艳，冯璇坤.从"U-K"到"U-G-K"：幼儿教师协同培养模式的变革与重构 [J]. 长春教育学院学报，2017,33（11）：7-9.

模式"[①]、"'三全育人'学前教育专业人才培养模式"[②]、"'政行园校'育人共同体"[③]等。

表 3-1 学前教育人才培养模式对比

	形成机制	实践探索
"U-K"共生性合作的幼儿教师培养模式	幼儿园：高师学前教育专业的最佳实践场所；高师院校：可以为幼儿园的改进和提升提供指导和帮助。	"U-K"一体共同建立幼儿教师实践教学基地；"U-K"一体共同开展幼儿教师的实践教学活动；大学教师与幼儿教师结对实现专业发展。
"U-K"专业实践共同体	幼儿教师是专业人员，其专业性发展伴随职业生涯的始终；"U-K"专业实践共同体是有助于促进教师专业发展、提高队伍整体水平的专业组织。	共享文献资源、共建实训基地、互派专业教师、推进科研互助、创建具有活力的运行机制。
"U-G-K"幼儿教师协同培养模式	传统"U-K"合作形式由于缺乏外在监控，运行效率较低，存在"协作体内各方主体定位偏差""协作体内合作渠道不畅""协作体内管理权责不明"等问题。	宏观保障——政府中介角色坚挺；多元方式——多维实践情境开拓；厘清认识——克服角色固化倾向。
"G-U-K"融园培养模式	美国 UTR 计划与"G-U-K"融园培养模式的内在耦合性。	形成"G-U-K"三位一体教师培养管理体制；建立融园式卓越幼儿园教师成长共同体；建立健全"校内+校外"的个性项目化师资培育创新保障机制。

---

① 王亚. 少数民族地区卓越幼儿园教师"G-U-K"融园培养模式与实践探索 [J]. 陕西学前师范学院学报（社会科学版），2020（06）：54-59.

② 刘淑颖，茹荣芳，张燕. 基于"三全育人"的学前教育专业人才培养模式研究 [J]. 石家庄学院学报，2020，22（04）：64-70.

③ 苏白茹. 学前教育"政行园校"育人共同体构建研究——以泉州幼儿师范高等专科学校为例 [J]. 衡水学院学报，2020，22（04）：119-122.

续表

	形成机制	实践探索
"三全育人"学前教育专业人才培养模式	习近平总书记提出全员、全过程、全方位育人的"三全育人"举措，有效推进高校育人体系构建，推动"三全育人"学前教育人才培养模式的构建。	三体系： 专业成长三阶段"BAKA"课程教学体系； "五习"双导师协同实践育人体系； 内外部结合全方位质量保障体系。 三路径： 以生为本，建立全员育人工作机制； 关注学生发展阶段性需求，实现全过程育人； 联结各方育人力量，努力实现全方位育人。
"政行园校"育人共同体	促进新时代学前教育事业发展的必然要求； 实现全员、全过程、全方位育人的重要举措。	打通多元育人通道；搭建育人合作平台；构建管理运行机制；打造产教融通团队；共建教学评价体系；共育核心职业素养；共创社会服务品牌。

　　具体来说，高校与幼儿园之间的合作主要有三类："第一类是以提供专题讲座为主的短期合作；第二类是以课题指导为主的间断性合作；第三类是以驻园专业指导为主的长期合作。"[①]

第四节　"C-K"——"校·园"一体化模式的孕育与展望

一、"C-K"——"校·园"一体化模式的孕育

　　"C-K"一体化模式中，"C"，College，是指高职院校。"K"，Kindergarten，是指幼儿园。"C-K"一体化模式就是指高职院校和幼儿园密切合作、协同一体，进行幼儿园教师培养培训的"校·园"一体化模式。

---

① 孙玉洁. 在 U-K 互助中生成专业自觉——幼儿教师驻园培养模式研究 [M]. 北京：科学出版社,2018：165.

（一）高职院校已经成为幼儿园教师人才培养的主要基地

在"U-S"合作模式中，高校被看做是一种能够支持基础教育改革与发展的重要力量。在"U-K"合作模式中，高校也被看做是一种能够有效推动幼儿园教育质量提升的重要力量。就像在"U-S"和"U-K"合作模式中那样，"C-K"合作模式中，高职院校也被当成是这样一种重要的力量。主要原因之一是高职院校已经成为幼儿园师资培养的主要基地。由于我国学前教育的迅速发展，幼儿园教师的需求量也在不断扩大。目前，高职院校已经成为幼儿园教师人才培养的主要基地，很好地补充了师范院校和综合性大学学前教育师范生培养数量不充足的问题。因此，高职院校与幼儿园之间的合作、融合、一体化，即"C-K"模式建构研究，也和高校和幼儿园之间的合作、融合、一体化，即"S-K"的研究一样迫在眉睫，具有十分重要的现实意义。

（二）职前职后一体化的趋势不会因合作的不顺利而转向

教师教育职前与职后一体化的趋势是由社会和教育的发展造就的，是由教师专业化发展的特点决定的。只有实现教师教育的一体化，才能最大程度满足社会对教师的要求。虽然高校在和小学、幼儿园合作、融合的过程中出现了一些问题，但这种一体化的趋势不会因为这些不顺利而转向。

就像研究者提出的那样，"近10年间，师范类高校教师与中小学（包括）幼儿园合作的频率越来越高，不仅合作的内容多样而且也取得了不少的成果。但也能看到，合作并不总是一帆风顺的，双方存在价值取向错位等文化冲突，导致了合作的低效、不愉快，甚至合作的终止"。[①] 这是一个值得研究与深思的问题，不能因为合作的低效和不愉快而放弃和终止合作，而应该探寻有效的途径，通过行之有效的策略缓解高校与中小学、幼儿园之间的文化冲突，从而化解高校与中小学、幼儿园之间在合作中的不协调。

---

① 孙玉洁. 在 U-K 互助中生成专业自觉——幼儿教师驻园培养模式研究 [M]. 北京：科学出版社，2018：2.

二、"C-K"——"校·园"一体化模式的展望

对于"C-K"——"校·园"一体化模式接下来的发展方向可以从两个方面来论述。

首先是一体化构建角度的转变。就目前的文献资料来看,提出一体化理念多是从师范生培养的角度。但是从我国幼儿园教师队伍的现状来看,从职后培训角度探讨一体化的问题同样重要。因此,对于"C-K"——"校·园"一体化模式的探讨应该从教师教育的整体考虑。

其次是一体化的切实试行。"C-K"——"校·园"一体化幼儿园教师培养培训模式要通过在实践中的运行去不断反思、不断完善。

第四章 "校·园"一体化培养培训模式构建的理论基础

第一节 马克思主义认识论

马克思主义认识论,即辩证唯物主义认识论,是唯物主义认识论的高级阶段和科学形式,是关于认识的本质、来源、发展过程及其规律的科学理论。其基本原理是能动的革命的反映论,即实践论。理论的着眼点、依存点在于实践。人类的认识,脱离不了实践,没有实践,就没有外界物质与意识的相互作用,没有相互作用,也就形成不了认识,也就改造不了世界。改造世界的过程是实践的过程;认识世界的过程也是实践的过程,即使是接受前人的认识(理论),那么,前人也有个实践的过程,都不是凭空捏造的过程。这就是马克思主义的"实践观点"。①

一个正确的认识,往往需要经过物质与精神、实践与认识之间的多次反复;社会实践的无穷无尽决定了认识发展的永无止境。也就是说,认识过程包括由实践到认识、又由认识到实践的多次飞跃,认识的提升和深入也需要在实践之中不断地反复才能实现。因此,在幼儿园教师

① 崔建霞.《马克思主义基本原理概论》理论问题聚焦 [M]. 北京: 北京理工大学出版社,2009: 27-28.

培养培训中,要克服理论和实践二元分立的思维模式,要努力为教师的发展提供知行统一的一体化平台,支持教师在理论与实践的无缝衔接中不断获得个人的专业化发展。①

第二节　教师职业发展阶段论

在职业生涯发展理论基础之上,学者们开启了对教师专业发展阶段理论的建立,著名的有关注阶段论、职业生涯八阶段论、教师职业发展五阶段论等。

关注阶段论根据关注内容的不同,将教师由师范生到专业教师的成长过程分为以下四个阶段:

一、关注阶段论

（1）任教前关注阶段。此阶段因为尚未经历教学角色,没有教学经验,所以只关注自己。

（2）早期生存关注阶段。此阶段关注的是作为教师的自己的生存问题。他们关注班级管理、教学内容以及指导者的评价。

（3）教学情境关注阶段。此阶段所关注的是教学情境的限制和挫折,以及对他们的各种不同教学要求。

（4）关注学生阶段。他们亲身体验到必须面对和克服较繁重的工作时关注学生。

二、职业生涯阶段论

费斯勒通过研究,根据人生理周期成熟和发展的过程,将教师的职业周期分为八个阶段:

---

① 谢桂新 .U–K 共生性合作的幼儿教师培养模式研究 [J]. 惠州学院学报(社会科学版),2015（08）: 109.

第一阶段,职前准备阶段。这一阶段是指从进入师范学院或大学接受培养开始到初入新岗位时的再培训,该阶段是教师角色的储备阶段。

第二阶段,入职阶段。这一阶段是指教师初任教师的前几年,新任教师努力寻求学生、同事、学校与教育行政人员的认同,在处理日常问题时能够达到令人满意的程度。

第三阶段,形成能力阶段。在此阶段,教师积极地参加培训计划和各种交流会,积极接受各种新的教育观念,是获得专业发展的阶段。

第四阶段,热心和成长阶段。在此阶段,教师持续地追求专业的更大发展,不断寻求进步。

第五阶段,职业受挫阶段。在此阶段,教师的职业满意度开始下降,体验到的是挫折和倦怠。此阶段多数发生在职业生涯的中期。

第六阶段,稳定和停止阶段。在此阶段,教师已经失去了进步的要求,工作囿于本分,只满足于完成任务,缺乏进取心和高质量的要求。

第七阶段,职业泄劲阶段。在此阶段,教师带着各种不同的感情品味着即将离职的感受。

第八阶段,职业生涯结束阶段。是教师离开工作岗位及离开后的阶段,既包括退休教师的离开,也包括因各种原因被迫或自愿地中止工作。[1]

三、教师发展阶段论

美国亚利桑那州立大学的伯利纳在人工智能领域的专家系统研究以及职业专业发展五阶段理论的基础上,根据教师教育专业知识和技能的学习、掌握情况提出了教师专业发展的五阶段论,如表4-1所示。[2]

---

[1]　360百科. 教师专业发展阶段理论 [EB/OL].https://baike.so.com/doc/9563872-9908805.html（2018-11-29）.

[2]　湖北教师考试网. 伯利纳关于教师发展的五阶段理论知识点梳理 [EB/OL].http://m.hu.zgjsks.com/html/2019/ggjc_1010/51234.html（2019-10-10）.

表 4-1　教师专业发展的五阶段论

阶段	时间	特征
新手阶段	刚刚走上工作岗位	理性化,处理问题缺乏灵活性,刻板,依赖规定。这个阶段教师的主要需求是了解与教学相关的实际情况,熟悉教学情境,积累教学经验。
熟练新手阶段	2—3 年	实践经验与书本知识的整合;处理问题具有一定的灵活性;不能很好地区分教学情境中的信息;缺乏足够的责任感。
胜任阶段	3—4 年	能够发展成为胜任型教师,这是教师发展的基本目标。教学目的性相对明确,能够选择有效的方法达到教学目标,对教学行为有更强的责任心,但是教学行为还没有达到足够流畅、灵活的程度。
业务精干阶段	第 5 年	对教学情境有敏锐的直觉感受力,教师技能达到认知自动化水平,教学行为达到流畅、灵活的程度。
专家阶段	至少10 年	观察教学情境,处理问题的非理性倾向,教学技能的完全自动化,教学方法的多样化。有研究表明,教师至少在积累了10 年的教学经验,在教室里讲述 10000 小时的课,在此之前至少当过 15000 小时的学生之后才有可能发展到专家水平阶段,每位专家水平的教师都有长时间的教学实践和十分丰富的教学经验。

　　从福勒根据关注内容不同提出的关注阶段论,到费斯勒根据人生理周期成熟和发展过程提出的职业生涯发展八阶段论,再到伯利纳根据教师教育专业知识、技能学习、掌握情况提出的教师职业发展五阶段论,都说明了从职前培养到职后成长,专业教师的发展是一个过程,呈现阶段性、一体化的特点。这些理论既能帮助教师自身在专业发展过程中根据阶段制定自身的短期和长期目标,也有利于职前培养机构和职后培训体系针对阶段发展特点提供促进教师专业发展的资源和条件。同时,这种纵向的、连续的发展阶段,表明职前培养和职后培训需要一脉相承,也就是应该进行"校·园"的一体化培养培训模式建设。

　　虽然学者对于教师专业发展具体应该分为哪些阶段有不同的认识和划分,但是,对于教师专业发展的持续性和非自然的认识是一致的。也就是说,教师的专业发展并非是一个随着时间的推移而自然发生的过程,而需要依靠有效的教师教育即教师培养和培训去支撑和保证。

　　英国的巴尔默谢教育学院院长詹姆士·波特曾经提出的"师资培训三阶段法"就是根据教师专业发展阶段论去构建包括教师的"职前专业准备、入职专业辅导和在职专业提高"一体化的培养培训模式的雏形。在 1975 年联合国教科文组织国际教育局组织召开的第 35 届国际教育会议上,詹姆士·波特指出,要成长为一名专业型教师,必须接受教师的个人教育、初步训练和终身教育三个方面的教育。与之相对应的,也就要经历教师教育所必须的三个阶段。

第一阶段:个人教育阶段。一般是指高中毕业以后进入教育学院或相关大学中接受 2—3 年的高等教育。在这个过程中,课程的学习以一些专门学科和教育科学的基础性知识为主。完成相应的学业后会被授予个人的高等教育证书。

第二阶段:教师初步训练阶段。在获得个人高等教育证书的基础上,再进行为期两年的学习。第一年主要是实习环节,学习者结合本年度的教学实习再补充一些教学、课程等方面的理论知识。第二年为使用环节,结合自身学习到的相关教育理论知识在实习的学校开始从事教学工作。这两年的任务完成后会被授予教育证书。这个证书的水平相当于其他学科的学士学位证书。也就是说,这个证书获得后即被国家承认为正式的合格教师。

第三阶段:职业继续教育阶段。这个阶段不像前两个阶段那样有相对固定的模式,而是根据教师个人在正式从事教育教学工作后的发展情况,对前面两个阶段的学习进行一个有针对性的补充。而且这一阶段也不像前两个阶段那样有明确的期限,相反,应该是贯穿在教师职业发展的整个过程中。[①]

第三节　建构主义理论

建构主义的理论在皮亚杰、维果斯基、杜威等人的贡献下,逐步发展成一种非常成熟,而且是目前对中国教育实践乃至世界各国教育实践影响最大、最深的一种理论体系。在经历了激进建构主义、社会建构主义等流派后,当代的建构主义包括其建构主义的学习观、知识观和教学观等一系列详尽的论述,使得建构主义不仅成为许多国家教育教

[①]　唐玉光. 教师专业发展与教师教育 [M]. 合肥:安徽教育出版社,2008:162–163.

学改革的重要参考和行动指南,而且具有辐射到教育全领域的倾向和实力。

当代建构主义的学习观认为:"世界是客观存在的,但是对于世界的理解和赋予意义却是由每个人自己决定的。我们是以自己的经验为基础来建构现实,或者至少说是在解释现实,每个人的经验世界是用我们自己的头脑创建的,由于我们的经验以及对经验的信念不同,于是我们对外部世界的理解也迥异。"①

将建构主义的学习观应用到对幼儿园教师的培养培训中来,我们就应该反思,因为师范生和幼儿园的一线教师们都不是简单、被动地接受老师给的知识和信息,对幼儿园教师的培养和培训不应该是机械式的说教。

同样,在学习观的基础上,当代建构主义的教学观提出要强调学习的主动性、社会性和情境性。因此,无论是对于学前教育专业师范生的培养来说,还是针对幼儿园一线教师的培训来说,培养培训中教学的设计首先要着眼于促进幼儿园准教师和教师们的主动学习,要能激发他们真正的学习兴趣和动机;其次,教学应使他们的学习在与实践相类似的情境中发生,这样才能解决幼儿园教师和准教师们在实际中遇到的问题,让幼儿园教师们借助于情境的帮助,实现对知识意义的建构。建构主义还注重对知识的体验性。鼓励学习者不要仅仅只是听他人的知识介绍、经验分享,而是自己要到真实的情境中去感受、去体验、去收获、去建构。

建构主义所倡导的情境性学习、体验性学习等观点和理念,正是"校·园"一体化幼儿园教师培养培训模式所倡导的观点、所具备的优势条件。而建构主义在发展过程中已经形成的支架式教学、抛锚式教学、随机进入式教学等教学方式可以在"校·园"一体化幼儿园教师培养培训模式中根据实际需要加以参考和运用。

① 郑金洲,吕洪波.教师不可不知的教育流派[M].上海:华东师范大学出版社,2012:126.

第四节 终身学习理论

　　终身学习是指社会每个成员为适应社会发展和实现个体发展的需要,贯穿于人的一生的持续的学习过程。即我们所常说的"活到老学到老"或者"学无止境"。1994 年,"首届世界终身学习会议"在罗马隆重举行,自此,在联合国教科文组织及其他有关国际机构的大力提倡、推广和普及下,终身学习在世界范围内形成共识。

　　在特殊的社会、教育和生活背景下,终身学习理念得以产生,它具有终身性、全民性、广泛性等特点。终身教育和终身学习理论提出后,各国普遍重视并积极实践。终身学习启示我们树立终身教育思想,使学生学会学习,更重要的是培养学生养成主动的、不断探索的、自我更新的、学以致用的和优化知识的良好习惯。

　　1972 年就任联合国教科文组织终身教育部部长的 E. 捷尔比提出:"终身教育应该是学校教育和学校毕业以后教育及训练的统和;它不仅是正规教育和非正规教育之间关系的发展,而且也是个人(包括儿童、青年、成人)通过社区生活实现其最大限度文化及教育方面的目的,而构成的以教育政策为中心的要素。"[①]

　　在终身学习的理念下,幼儿园教师,无论是从其职业生涯发展的特点,还是其工作的创造性特征方面,都要求其成为终身学习者。当幼儿园教师要"在持续学习和不断完善自身素质的过程中实现专业发展"时,相应的培养培训模式应呈现"职前教育与在职教育的一体化"。[②]

---

① 360 百科. 终身学习 [EB/OL].https://baike.so.com/doc/6020619–6233616.html(2018–07–22).

② 柳国梁. 高职学前教育专业人才培养方案改革——基于《幼儿园教师专业标准(试行)》和《教师教育课程标准(试行)》的视域 [J]. 教育探索,2016(01):53–57.

第五节　杜威"做中学"教育思想

杜威指出,人们若想获得相关的知识,并希望永久记住这些知识,那么就应该学习那些如何做事的知识,并且为有事做而学习。杜威的"做中学"理论不仅仅适用于儿童的教育,同样也是教师教育教学的重要参考原则。英国伙伴学校这一职前教师教育培养模式就是杜威"做中学"理论的实践应用。

在杜威的《民主主义与教育》中,他将教学的过程分为五个基本步骤,并通过强调五种不同的教学要素对教育实践所应遵守的主要原则进行了深刻论述。这些原则也是教师培养培训所应遵从的原则。①

表 4-2　教学过程的要素与作用

要素	作用
学生要有一个真实的经验的情境	促进学生对这一活动本身产生连续的兴趣
在这个情境内部产生一个真实的问题	刺激学生对出现的问题进行思考
具备相应的背景知识材料	观察出现的问题,并解决出现的问题
必须负责一步一步地展开学生所想出的解决问题的方法	使学生解决问题的过程逻辑化、系统化
有机会通过应用来检验学生的想法	促使学生自己去检验其想法是否有意义,是否有效

在杜威"做中学"的教育理论指导下,师范生或者新入职教师通过自身直接的、能动的教育活动来获得个人的教育经验,在真实的教育情境中发现问题,并与指导老师、"师父"、同事进行讨论分析,找到有效的解决办法,这样比由大学老师通过上课教授学生遇到什么样的问题该怎样解决要有效得多。"校·园"一体化的幼儿园教师培养培训模式正可以满足幼儿园教师们,无论是在职前培养的阶段,还是在职后培训阶段,使他们在"做"中感受,在"做"中反思问题,在"做"中尝试解决并获得经验,真正做到在"做中学",在"做"中成长和发展。

---

① [美]杜威(Dewey.J.)著;王承绪译.民主主义与教育[M].北京:人民教育出版社,2001.

第六节　成人学习理论

在终身学习的理念下,成人学习的相关问题走进了众多学者们的视角。成人学习理论就是在满足成人学习这一特定需要的理论基础上发展起来的。

美国著名教育心理学家马尔科姆·诺尔斯在他所著的《被忽略的群落:成人学习者》(*The Adult Learner: A Neglected Species*)一书中对这一理论进行了全面阐述。他认为,成人学习理论不应照搬以往的学习心理学成果,因为学习心理学大多建立在儿童学习实验的基础上,而应当运用一种有机的、具有能动性的、适合成人学习心理的理论,尤其是马斯洛、罗杰斯的人本心理学理论。成人学习理论的精髓在于它的"四基础""四特征"和"四法则"。

(一)四基础

诺尔斯的成人学习理论模型建立在以下基础之上:

(1)成人需要知道他们为什么要学习;

(2)成人有进行自我指导的需求;

(3)成人可以为学习带来更多的与工作有关的经验;

(4)成人是带着一定问题去参与学习的;成人受到内部和外部的激励而学习。

(二)四特征

诺尔斯通过相关研究,认为成人学习者具有以下四个方面的突出特征:

(1)随着个体的不断成熟,个人的经验形成个人学习的风格,其自我概念从依赖型向独立型转化,变为自我指导型。

(2)成人可以逐步积累更多的经验,为成人的学习提供更丰富的学习资源。对于成人来说,个人的经验形成自己的个性,因而他十分珍惜这些经验。

(3)一个成人的学习意愿、学习计划、学习目的和内容方法等与其社会角色任务、社会职责的发展任务有着密切的联系。

(4)成人的学习从将来运用知识的观念变成即刻运用知识的观念,

从为将来工作准备知识向直接应用知识转变。他们的学习不是储备性的学习，而是应用性的学习。因而，成人的学习是以问题为中心，而不是以教材为中心。[①]

（三）四法则

成人学习理论认为，成人比儿童具有更多的经验和更强的学习能力，能够更好地理解新鲜事物及掌握它们的认知结构。成人学习是认知结构组织与再组织，而教师的教学活动对成人的学习效果和学习成绩有重要的影响。成人学习遵从以下四个法则：

效果法则——他们的学习需要在愉快的环境和氛围中进行；

练习法则——他们的学习需要通过大量的练习来加深印象；

联想法则——理论联系实际有利于成人对认知对象的掌握；

有备法则——他们往往是在有需求的时候才选择学习，有一定的目的性。[②]

成人学习理论揭示了成人学习的特征，而"校·园"一体化的培养培训对象多为成年的幼儿园一线教师和刚刚成年以及马上成年的高职院校师范生。所以，成人学习理论也是"校·园"一体化幼儿园教师培养培训模式建构的重要理论基础。

---

① ［英］Peter Jarvis 著，许雅惠译．成人及继续教育：理论与实务［M］．台湾：五南图书出版股份有限公司，2002.

② MBA 智库·百科．成人学习理论（Adult Learning Theory）［EB/OL］.https：/wiki.mbalib.com/wiki/ 成人学习理论（2017–03–03）.

第五章 "校·园"一体化培养培训模式构建的价值追求

第一节 "校·园"一体化培养培训模式的价值准则

一、体现"双主体"

幼儿园教师"校·园"双主体培养,是指在幼儿园教师职前培养过程中,作为供给方的院校与作为需求方的学前教育机构(主要指幼儿园,下同)都成为幼儿园教师培养的主体,都以主体身份参与到幼儿园教师培养过程中,共同发挥主体作用。"校·园"双主体培养是学校、学前教育机构和学生主动参与的新型幼儿园教师培养模式。

搭建"校·园"一体化合作平台,以《幼儿园教师专业标准(试行)》为依据,探索"校·园"双主体幼儿教师培养模式改革,实现"校·园"协同育人、协同助推幼儿园教师专业发展。从高职院校层面来说,依据企业(幼教园所)办园性质、园所规模、师资情况、园所特色建立疏密有别的"校·园"合作关系,与区域内龙头幼教机构密切绑定关系,与区域内示范幼儿园建立紧密合作关系,与区域内园所办园特色鲜明的幼儿园建立相关领域合作关系,与园所规模小、园所特色不突出的幼儿园建立专业引领关系。从幼儿园层面来说,要积极争取区域内高职院校的专业引领和帮助,积极提供实践学习与研究场域,推动幼儿园教师专业发展,提升幼儿园教师队伍质量。

二、满足"三需求"

"校·园"一体化幼儿园教师培养培训体系模式构建必须要符合以下几个需求,并实现这几个需求之间的有机统一。

(一)从需求主体来说

"校·园"一体化幼儿园教师培养培训模式的需求主体包括高职院校、幼儿园和其他利益相关共同体。从需求主体来分析,"校·园"一体化幼儿园教师培养培训模式的构建,一是要符合并满足高职院校自身的发展需求,包括高职院校专任教师的工作、学习与发展需求,高职院校学前教育专业课程设置改革的需求,高职院校提升人才培养质量的需求,高职院校学前教育专业提升专业培养质量、提升专业品牌知名度、提升就业率的需求。二是要符合幼儿园发展的需求,尤其是幼儿园教师专业发展需求、幼儿园教师队伍建设需求。其他还包括幼儿园教育质量提升与发展的需求。三是要符合社会或者当地对学前教育人才的需求。

(二)从教师教育转变趋势来说

现在我国的教师培养和培训不再由师范院校单独承担,而是呈现出一种多元开放的格局。这种多元开放正体现出了以下三个转变:

第一个转变,从教师总体上的供求关系来说,已经逐步从数量满足向结构调整转变。

第二个转变,对教师的学历要求方面,已经从学历达标向学历提升转变。

第三个转变,对教师素质的要求已经从单一的技能型人才向研究型、专家型教师转变。[①]

以上这三个转变主要针对中小学教师,但这些转变趋势对幼儿园

---

① 王赛扬.政府和大学在教师教育制度变迁中的作用[J].中国高教研究,2005(06):43–44.

教师同样适用,这三大转变带来的需求也是"校·园"一体化幼儿园教师培养培训模式应当追求的。

三、实现"一体化"

机构一体化。造成职前和职后教育分化、孤立、各说各话的根本原因在于,就目前我国幼儿园教师教育来说,职前教育机构和职后教育机构是分立的,而这种分立是造成职前、职后脱节的主要原因之一。师范大学、高职院校等负责职前教育部分,地区性教育学院和教师进修学校及幼儿园负责职后培训。为了扭转这种局面,必须以政府为牵动,实现这些机构的一体化。这里的一体化并非指高职院校和教育学院、进修学校、幼儿园的完全合并,而是必须达成一种深度的联合状态。

管理体制一体化。在这个问题上,有学者建议,要建立以高职院校为本位的教师职前教育和教师职后培训一体化的管理体制。类似于上述的机构一体化,对于两个机构,要实现管理体制完全的一体化也是不太现实的。但是最起码最基础性的要求是要达成在幼儿园教师培养培训和专业化发展支持方面的一体化,例如一体化的教师成长档案建立等。这样才能使两者能够协调配合、紧密合作。

师资队伍一体化。师资队伍一体化是指为合理配置和有效利用资源,高职院校师资和教育学院、教师进修学校师资及其幼儿园实践层面师资互相分享的方式。

课程内容一体化。根据幼儿园教师专业发展的整体进程合理设置各个阶段的课程,实现课程内容上的一体化,让幼儿园教师的成长和专业化更加高效,不走弯路。

第二节 "校·园"一体化培养培训模式的价值取向

"校·园"一体化幼儿园教师培养培训模式是为迎合快速发展的学前教育对人才质量的高要求、为适应"幼有所育"到"幼有优育"的转变趋势而产生的。由此可见,"校·园"一体化幼儿园教师培养培训模式的目的就是实现高质量的幼儿园教师教育。那么,怎样才算是高质量呢? 职前培养出优秀的学前教育毕业生、职后造就专业化的幼儿园教师也许就是高质量的教师教育。但是何谓优秀? 何谓专业化的幼儿园教师呢? 对于这两个问题的回答正体现了"校·园"一体化幼儿园教师培养培训模式的价值追求。要准确把握核心的价值追求,可以从三个方面来入手。首先,一名合格的幼儿园教师应该能够为人师表,要在教育工作中、在孩子面前行为示范。其次,一名优秀的、高质量的幼儿园教师应该成长为专业教师或具备能够快速成长为专业教师的潜质和能力。最后,一名专业的幼儿园教师应该朝着专家型教师、教育家型教师迈进,成为"大国良师"队伍中的一员。因此,"校·园"一体化幼儿园教师培养培训模式的价值追求是在解读学前教育阶段文件中有关幼儿园教师的规定和要求、幼儿园教师入职相关标准,以及国家层面政策文件关于促进幼儿园教师专业发展的相关精神和要求等基础上形成的。

一、为人师表

雅斯贝尔斯有一句名言:"教育意味着一棵树摇动另一棵树,一朵云推动另一朵云,一个灵魂唤醒另一个灵魂。"[1] 这句话恰如其分地表明了教师为人师表的内涵、作用和重要性。首先,为人师表是教师职业德性的直接表达。教师的职业德性的特殊性,尤其是幼儿园教师,体现在可以通过自己的人格和品行来引导和影响未成年人,并且影响深远。其次,为人师表体现了教师职业对真、善、美的理想人格的追求。诚实守信、公平正直、言行一致、表里如一的"真",无私奉献、善待每一个孩子、关爱每一个孩子、帮助每一个孩子的"善",还有行为美、语言美、仪表美等等。为人师表还表现为良好的个性修养。例如,广泛的兴趣、坚强的意志、稳定的情绪等。[2] 在幼儿园教师职业准入制度相关文件规定中,在幼儿教师资格证相关文件中,都有关于幼儿园教师"行为世范、为人师表"的要求。

---

① [德] 雅斯贝尔斯. 什么是教育 [M]. 北京:生活·读书·新知三联书店,1991:104.
② 唐凯麟,刘铁芳. 教师成长与师德修养 [M]. 北京:教育科学出版社,2007:89—95.

拓展阅读：党中央对教师教育工作的重视

自新中国成立到改革开放再到建设教育强国，党中央就"牢牢确立了教师在教育事业中优先发展的战略地位，牢牢把握了以教师为主体的核心立场，牢牢树立了教师专业化发展的基本导向"。

例如，党的十八大报告把教育放在改善民生和加强社会建设之首。党的十八大报告指出，要"加强教师队伍建设，提高师德水平和业务能力，增强教师教书育人的荣誉感和使命感"。

《国家中长期教育改革和发展规划纲要（2010—2020年）》中明确指出了教师队伍建设的重要性："教育大计，教师为本。有好的老师，才有好的教育。"

2012年9月7日，在国务院召开的全国教师工作会议上印发了《关于加强教师队伍建设的意见》，这是新中国成立以来第一个全面部署教师工作的纲领性文件。到中共中央国务院印发的《关于全面深化新时代教师队伍建设改革的意见》中明确指出：百年大计，教育为本；教育大计，教师为本。教师承担着传播知识、传播思想、传播真理的历史使命，肩负着塑造灵魂、塑造生命、塑造人的时代重任，是教育发展的第一资源，是国家富强、民族振兴、人民幸福的重要基石。

二、专业人员——幼儿园教师专业化的要求分析

（一）专业化的内涵分析

"校·园"一体化幼儿园教师培养培训模式构建的核心价值目标是追求专业化。这个专业化有两层含义。其一，是幼儿园教师的专业化。其二，是幼儿园教师教育的专业化。教师教育模式的转型和发展，正是由原来的非专业化向半专业化、向全面的终身专业化发展过程的转变。

1. 幼儿园教师的专业化

把教师作为履行教育教学工作的专业人员，早在1993年我国颁布的《教师法》中就有明确表述。幼儿园教师作为应然状态下的专业人员正在实然状态中朝着这个方向努力。在幼儿园教师专业化的进程中，势必会经历一个由不成熟到成熟的发展过程，在这个过程中，幼儿园教师不断积累自身的专业知识、不断提升专业能力、不断完善专业情志

等。这正是"校·园"一体化幼儿园教师培养培训模式所追求的第一层面的专业化：幼儿园教师自身的专业化。"校·园"一体化幼儿园教师培养培训模式追求的专业化首先是幼儿园教师的专业化。教师的专业化进程是从职前到职后、从新手最终成长为专家型教师（国内也称为名师型教师、卓越教师等）甚至教育家型教师的一体化过程。正像中共中央国务院印发的《关于全面深化新时代教师队伍建设改革的意见》提出的，争取到 2035 年，实现第二个阶段的教师队伍建设目标："教师综合素质、专业水平和创新能力大幅提升。培养、造就数以百万计的骨干教师，数以十万计的卓越教师，数以万计的教育家型教师。"① 美国心理学家斯滕伯格曾说，专家型教师无法用一个严格定义的标准去衡量和评定，但是专家型教师存在着三个共同的特点。一是专家型教师都拥有专家水平的知识；二是专家型教师工作更加高效；三是专家型教师都有创造性的洞察力。这对怎样把幼儿园教师们培养成为专家型教师或者怎样助推教师成长为专家型教师带来较大的启示。

2. 幼儿园教师培养培训的专业化

幼儿园教师培养培训，即教师教育的专业化，是指为推动幼儿园教师专业化进程的顺利实现、促进教师专业化进程的不断深入和完善，最终使幼儿园教师专业化水平不断提高、发展为专业人员所经历的科学、合理、有效、专业的培养、培训等教育过程。

（二）专业化的内容

早在 2001 年 7 月，在由教育部人事司批准、组织，华东师范大学主办的第三届教育政策分析高级研讨会上，学者们从专业认定的角度提出教师专业化的内涵包括"专业智能、专业道德、专业发展、专业自主和专业组织"② 等方面。另外，也从研究型教师培养的角度对专业化的具体内容进行了界定：第一是知识方面，具体包括通用知识、学科知识、教育科学知识和研究知识；第二是能力，具体包括通用能力、学科能力、课程与教学能力、心理辅导能力、组织管理能力和研究能力；第三是专业

---

① 教育部教师工作司. 造就大国良师——《中共中央国务院关于全面深化新时代教师队伍建设改革的意见》辅导读本 [M]. 北京：教育科学出版社，2018：1.
② 唐玉光. 教师专业发展与教师教育 [J]. 合肥：安徽教育出版社，2008：118.

精神,主要指以价值观为核心的专业精神,其中一个核心是师德。[①]

(三)专业标准——《幼儿园教师专业标准(试行)》解读

《幼儿园教师专业标准(试行)》是在国际重视教师专业发展的大趋势下,是在响应国家加强教师队伍建设的"进军令"下,为了贯彻落实《国家中长期教育改革和发展规划纲要(2010—2020年)》精神,为了配合完成党中央加快普及学前教育,实现"幼有所育"而颁布的关于学前教育教师队伍质量标准的文件。《幼儿园教师专业标准(试行)》的文件精神既是高职院校学前教育专业人才培养目标的重要依据,也是幼儿园层面推动一线教师专业提升和专业发展的核心追求。因此,《幼儿园教师专业标准(试行)》的文件精神就是"校·园"一体化幼儿园教师培养培训模式核心价值追求的重要参考。在一体化模式的构建过程中,一项重要任务就是参照《幼儿园教师专业标准(试行)》中对幼儿园教师作为专业人员的标准及要求,完善以"校中园"和"园中校"为基础的实训条件;推行任务驱动、项目导向课程教学模式,培养具有良好的职业道德、掌握系统的专业知识和专业技能的合格的幼儿园教师。

三、大国良师——国家相关政策文件解读

(一)全国会议及领导人重要讲话精神

1."四有好教师"

2014年9月,习近平总书记提出培养"有理想信念,有道德情操,有扎实知识,有仁爱之心"的"四有好教师"。"四有好教师"的这四项品质或要求,都是成为大国良师所必须具备的素质。就拿"仁爱之心"这一素养来说,有许多学者认为,儿童的教育本身就是一种仁爱的教育。例如,具有创造力的孩子,往往表现为"顽皮、调皮捣蛋、逆反"等,具有仁爱之心的教师才能欣赏儿童的这种"淘气"和"叛逆",包容他们,鼓励他们的独立见解和思想论争,让他们在享受幸福快乐的童年时光的同时创造力也获得发展。习近平总书记的论述给幼儿园教师培养培训带来的启示是,要审慎思考如何开展切实有效的培养培训,使师范

[①] 唐玉光.教师专业发展与教师教育[J].合肥:安徽教育出版社,2008:118.

生和幼儿园一线教师树立崇高的幼教职业信念,热爱幼教事业、尊重幼儿、关爱幼儿、以幼儿为主体开展教育教学活动。这是"校·园"一体化幼儿园教师培养培训模式的核心目标与责任。

2. 高尚师德

2018年5月2日,习近平总书记在北京大学师生座谈会上的讲话指出:评价教师队伍素质的第一标准应该是师德师风。师德师风建设应该是每一所学校常抓不懈的工作,既要有严格制度规定,也要有日常教育督导。我们的教师队伍师德师风总体是好的,绝大多数老师敬重学问、关爱学生、严于律己、为人师表,受到学生尊敬和爱戴。同时,也要看到教师队伍中存在的一些问题。对出现的问题,我们要高度重视,认真解决。要引导教师把教书育人和自我修养结合起来,做到以德立身、以德立学、以德施教。

总书记同时指出:教师是人类灵魂的工程师,承担着神圣使命。传道者自己首先要明道、信道。高校教师要坚持教育者先受教育,努力成为先进思想文化的传播者、党执政的坚定支持者,更好地担起学生健康成长指导者和引路人的责任。要加强师德师风建设,坚持教书和育人相统一,坚持言传和身教相统一,坚持潜心问道和关注社会相统一,坚持学术自由和学术规范相统一,引导广大教师以德立身、以德立学、以德施教。

3. 思想政治素质

中共中央、国务院印发的《关于全面深化新时代教师队伍建设改革的意见》中明确指出:要突出全员、全方位、全过程师德养成。《意见》还提出:要把提高教师思想政治素质和职业道德水平摆在首要位置,把社会主义核心价值观贯穿教书育人全过程,推动教师成为现今思想、文化的传播者,党执政的坚定支持者,学生健康成长的指导者。

2016年12月7日,习近平总书记在全国高校思想政治工作会议上的讲话指出:要坚持不懈培育和弘扬社会主义核心价值观,引导广大师生做社会主义核心价值观的坚定信仰者、积极传播者、模范践行者。

(二)教育部关于幼儿园教师培养的相关政策文件

教育部《国家中长期教育改革和发展规划纲要(2010—2020年)》

明确指出："严格教师资质，提升教师素质，努力造就一支师德高尚、业务精湛、结构合理、充满活力的高素质专业化教师队伍。"其中，也是将教师的"德"放在了首要的地位，并指出要具备精湛的业务能力，即专业能力。而要实现充满活力，就要求这支教师队伍的水平不是一成不变的，教师们要牢固树立终身学习的理念，随着时代的发展、社会的变迁而不断通过学习精进自己的能力，做到与时俱进。这就要求教师们有自我发展的意识和能力，这与《幼儿园教师专业标准（试行）》中指出的幼儿园教师应秉承的"师德为先、幼儿为本、能力为重、终身学习"的理念也是一致的。

2014 年 8 月教育部发布的《关于实施卓越教师培养计划的意见》中提出以实施卓越教师培养计划为抓手，突出实践导向的教师教育课程内容改革，在教师教育课程中充分融入优秀中小学教育教学案例。[①]

四、核心价值追求

结合国家相关政策文件、幼儿园教师专业标准和幼儿园教师专业化的相关要求，"校·园"一体化幼儿园教师培养培训模式的核心价值追求和目标有四个核心：即"德""念""识""能"。具体论述如下。

（一）"德"

德，指幼儿园教师的职业道德，包括思想政治素质、高尚师德等方面。

习近平总书记的系列讲话和教育部相关的政策文件中对教师的师德师风、思想政治素质都进行了强调。这对幼儿园教师的启示是：幼儿园教师作为教育者，在德行方面首先要受教育。高职院校和幼儿园都应该以"德育"为核心内容，相互联合，在"校·园"一体化的培养培训模式中做到师德一贯式养成。

（二）"念"

念，指观念，包括理想信念和专业理念两大方面。其中专业理念又

---

① 教育部 . 教育部关于实施卓越教师培养计划的意见 [EB/OL].http://www.moe.gov.cn/srcsite/A10/s7011/201408/t20140819_174307.html（2014–08–19）.

包括幼儿园教师的职业认同、教育观念、教育理念等。

（三）"识"

识，指知识，幼儿园教师的专业知识，包括幼儿发展知识、保育教育知识、通识性知识等。

（四）"能"

能，指能力，幼儿园教师的专业能力包括专业能力、实践能力、自我发展能力等。

根据《幼儿园教师专业标准（试行）》，幼儿园教师的专业能力包括环境创设与利用、一日生活组织与保育、支持与引导游戏活动、计划与实施教育活动、激励与评价、沟通与合作、反思与发展 7 个领域。

《幼儿园教师专业标准（试行）》基本理念中明确指出："把学前教育理论与保教实践相结合，突出保教实践能力。"关于教师"专业能力"维度中包括的 7 个领域的能力，紧紧地围绕幼儿园保教工作，突出强调保教实践能力。教育部教育司原司长王定华在《用奋进之笔谱写新时代教师队伍建设新篇章》中指出："要创新培养模式，根据教育发展的需要，以实践为导向优化教师教育课程体系，注重师德养成，不断更新课程内容，推进协同育人的教师教育新模式。"可以看出教师培养培训的两个核心目标是师德和实践能力。因此除了上述着重强调的师德之外，幼儿园教师的实践能力也是"校·园"一体化幼儿园教师培养培训体系的核心价值目标之一。

此外，幼儿园教师还应该具有自我发展的意识和能力。因为时代在快速发展，知识在更新，幼儿园教师的专业知识需要不断地更新、丰富和付诸实践。幼儿园教师还要同时提升专业能力。《中共中央国务院关于全面深化新时代教师队伍建设改革意见》指出，到2035 年的教师队伍建设目标包括：教师应主动适应信息化、人工智能等新技术变革，积极有效开展教育教学。因此，幼儿园教师要具有自我发展的意识和能力，这样才能与时俱进，不断适应教育变革的需求。

幼儿园教师自我发展的一条重要途径就是通过教育科学研究。因此，科研能力、以科研促发展的能力也成为"校·园"一体化培养培训模式中的一项重要价值追求。苏联著名教育家苏霍姆林斯基就曾经指出："如果你想让教师的劳动能够给教师带来乐趣，使天天上课不至于变成一种单调乏味的义务,那你就应当引导每一位教师走上从事研究这条幸福的道路上来。"早在20世纪70年代,也有学者表达了类似的观点。英国著名的教育家斯腾豪斯指出:"教育科学的理想是,每一个课堂就是实验室,每一名教师都是科学研究的成员。"而且,在当前的教育领域里,对教师成为研究者的呼声越来越高,这种呼声已经从中小学领域蔓延到幼儿园里。并且,随着教师专业化呼声的高涨,越来越多的研究者也意识到,教师的科研能力是其专业化的一项重要标志。1966年联合国教科文组织采纳的《关于教师地位之建议》明确提出教师是一门专业而非一种职业,到1979年,联合国教科文组织再一次明确指出:"在当今,从教师在教育体系中的作用来看,教师与研究人员的职责趋向一致。"

当然,随着让幼儿园教师成为研究者呼声越来越高,一些质疑的声音也此起彼伏。一些人会质疑的原因主要有:一是认为幼儿园教师不具备研究的能力。二是认为幼儿园教师的主要任务仍然是保育和教育,而不应该被教育研究占据本来就"透支"的精力和时间。其实,幼儿园教师所要进行的研究与理论研究者所进行的研究有所不同,幼儿园教师进行的研究是对一日活动中自身教育教学行为的反思和研究。

第三节　"校·园"一体化培养培训模式的价值目标

根据上文总结的内容,"校·园"一体化幼儿园教师培养培训模式的核心价值追求包括:培养有文化底蕴、品德高尚、有国际视野、关注现实、善于反思、终身学习等等诸多方面的幼儿园教师,可以概括为"德""念""识""能"四位一体的"四有"好教师。怎样实现这些核心价值追求? 就要在"校·园"一体化的幼儿园教师培养培训模式中将其落实为具体培养目标。具体包含以下四个方面:

一、文化融合,共育爱岗敬业、师德高尚的幼儿园教师

以校企文化融合为理念,在"校·园"一体化幼儿园教师培养培训模式中开展的学前教育专业特色的系列教育活动,都是对教师教育的

一个重要方面——师德教育的有益探索。"校·园"一体化的整个教师教育过程中都要贯穿师德教育,要以文化的融合,共育爱岗敬业、师德高尚的幼儿园教师。

二、全程实践,共育实践能力强、保教能力突出的幼儿园教师

"校·园"一体化的双主体人才培养模式有益于培养和提高师范生和幼儿园一线教师们的保教实践能力。对于高职院校和幼儿园来说,实践教学和研究是培养符合《幼儿园教师专业标准(试行)》和具备实践动手能力的幼儿园教师最重要的环节。完善的实践教学和研究标准,是实践教学和研究实施的有力保障。实践教学和研究环节既检验了《幼儿园教师专业标准(试行)》中的专业理念与师德、专业知识两个维度的理念养成与知识掌握情况,又提升了其中专业能力维度的要求。

三、夯实基础,共育专业基础扎实的幼儿园教师

人才培养方案中既包括婴幼儿保健、学前心理、学前教育等学前教育基础知识,又包括自然科学和人文科学知识、艺术欣赏及表现知识、现代信息技术知识等通识性知识。如此"丰富"的知识不可能在职前培养阶段全部让师范生吸收,并且随着社会的快速发展,知识也在每时每刻更新中。因此,要有效联合职前和职后,设置一体化的学习进程,为师范生和幼儿园一线教师们的职业成长、终身学习与持续发展打下扎实基础。

四、提升意识,共育发展后劲足的幼儿园教师

《幼儿园专业标准(试行)》提出的终身学习理念,要求幼儿教师"具有终身学习与持续发展的意识和能力,做终身学习的典范"。"校·园"双主体幼儿教师培养模式使学生不自觉中形成反思性学习的习惯,师范生反复在学校的课堂学习与幼教园所的实践学习间思考,不断自我建立、推翻、反思,最终形成一个既有理论支持又非常具体真实的概念,这种习惯会在师范生职业发展过程中形成良好惯性。幼儿园一线教师们也通过在"校·园"一体化的培训中将理论和实践不断"应用—转化—

反思—再应用"的进程,促使自身养成自觉性发展、大胆实践、不断创新、积极评价、积极反思、主动学习、终身学习的良性职业发展习惯。

　　高职高专院校已经成为我国幼儿教师培养的主阵地,新时代教师教育的趋势和社会对幼儿园教师的要求使得幼儿园本身也成为教师专业化的重要场所。而幼儿园教师的成长需要一个长期过程,高职院校学前教育专业毕业只是起点,高职院校应夯实学生在校期间专业知识基础,指导学生制订合理的职业发展规划,引导学生养成主动学习、主动反思的良好习惯,解疑学生职后成长过程中的困惑,对毕业生职后发展进行长期跟踪指导。高职院校可以通过对毕业生人才培养质量跟踪调查等途径,了解毕业生的职业成长途径与困惑,给予及时帮助和干预,依据行业企业发展趋势和调查结果调整专业人才培养方案。幼儿园应根据教师具体情况制定幼儿园培训计划、实施园本培训、引导教师主动参加业务培训和自主研修,形成终身学习习惯,逐步提升专业发展水平。

　　总体来说,高职院校和幼儿园的"一体化"教师培养和培训必须依据《幼儿园教师专业标准(试行)》,培养符合国家标准、受幼儿园欢迎的、热爱幼教事业、具有良好的职业道德、掌握系统的专业知识和专业技能、实践能力强、具有终身学习与持续职业发展意识和能力的合格幼儿园教师。因此"校·园"一体化幼儿园教师培养培训模式的构建主要内容应该涵盖:一是依据教育部《教师教育课程标准》制定并实施"校·园"双主体人才培养方案;二是依据教育部《幼儿园教师课程标准》编制学前教育专业课程方案、建设教学资源;三是按照实践育人的要求完善校内外实习实训条件;四是以"校·园"深度融合为目标创新"校·园"合作运行机制;五是提升师资队伍知教执教水平和专业社会服务能力;六是构建学前教育专业学生职业素质教育体系。从幼儿园层面来说,要根据学前教育的相关文件精神,在"校·园"一体化培养培训模式中落实两个核心任务:将立德树人任务和教育教学能力提高落实到教师在职培训的全过程中。

第六章 "校·园"一体化培养培训模式构建的策略机制

从理论上讲,"校·园"一体化幼儿园教师培养培训模式实现了"校"和"园"之间的资源和优势互补。首先,它为职业院校的师范生们提供了教育实践的真实场域;其次,它为职业院校的教师们提供了教育研究的真实情境。从幼儿园一线教师的角度讲,能够得到理论专家的近距离指导,帮助幼儿教师提高教育教学能力,获得专业发展,因此,"校·园"一体化幼儿园教师培养培训模式即使没有政府层面的介入和投入,没有高校研究等经费的支持,也应该是受到各方欢迎的一种模式。但是,理想与现实的差距总是赤裸裸地存在着。在实际的运行过程中,由于"各自利益诉求的差异和对实践与理论关系认识方面的分歧,高校教师、师范生与幼儿教师的关系会处于疏离状态"。[1] 也就是说,"校·园"一体化幼儿园教师培养培训模式并不如想象中那么受"欢迎"。就像一些研究中得出的结论那样,虽然目前高校与幼儿园的合作关系在理论上存在着多种可能,但现实中却难以实现真正的合作。[2]

---

[1] 孙玉洁. 在 U–K 互助中生成专业自觉——幼儿教师驻园培养模式研究 [M]. 北京:科学出版社,2018:165–166.
[2] 徐宇,何明蓉. 冲突与协调:对大学与幼儿园合作研究的潜在冲突及成因分析 [J]. 学前教育研究,2010(4).

第一节　原因分析——为什么难以实现真正合作

查阅以往相关研究,以及在实地观察、调研的基础上发现,由于各个主体之间各自的出发点和关注点不同,造成了合作的表面性、临时性等现象。具体来说,高等院校与幼儿园之间难以实现真正合作有以下原因。

一、一线幼儿园教师的淡漠与不配合

高校教师一般是与幼儿园园长(而非幼儿园教师)达成了深度合作的意愿与共识。而幼儿园园长与教师的立场又是不同的。[①] 从幼儿园教师的立场来说,"淡漠"与"不配合"的原因有关系的不对等,加重了幼儿园教师原本就不甚理想的生存状态。还有在合作过程中感觉到的付出与收获的不匹配等,都让幼儿园教师们不愿意付出原本就不宽裕的工作精力。

(一)关系的不对等,加重原本就"不堪"的生存状态

在高校与幼儿园的合作中,存在着这样几种角色。一是高校教师。高校教师在幼儿园教师心目中代表的是专业权威。二是幼儿园园长。幼儿园园长对于幼儿园教师来说是行政权威。三是幼儿园教师。在这个合作中,幼儿园教师应该是最核心的角色,所有的一切努力都是为了幼儿园教师的专业发展服务。但实际中,幼儿园教师在这种所谓的合作中,夹在专业权威和行政权威之间,成了一个被动的服从者。在一些研究中甚至发现,幼儿园教师对高校教师是存在畏惧心理的。[②] 这样一个角色并不是让人感觉舒适、乐意合作的角色状态。再加上,幼儿园教师角色本身就有许多压力和困扰。幼儿园教师的社会地位有待提高是研究者们公认的问题。有一句调侃幼儿园教师的话:"操着卖白粉的心,

---

① 孙玉洁.在 U-K 互助中生成专业自觉——幼儿教师驻园培养模式研究 [M].北京:科学出版社,2018:166.

② 孟繁慧.大学与幼儿园合作研究的潜在冲突及成因分析 [J].黑龙江省社会主义学院学报,2014(02):62-64.

挣着买白菜的钱。"这句话非常形象、生动地揭示了幼儿园教师的工作压力和工资待遇之间的不对等。所以,在合作中,这种关系上的不对等会加重本就"不堪"的生存状态,让幼儿园教师们更加排斥这种合作。

(二)付出与收获的不匹配,让教师们不愿意付出原本就不多的工作精力

虽然幼儿园园长向教师介绍高校教师是专业权威,但是许多幼儿园教师往往会认为这种权威的理论是不实用、不适用的。高校教师往往带着研究任务与需要进入幼儿园,因此,幼儿园教师往往还要配合高校教师的研究,需要额外调整自己的教学工作安排,配合完成各种调查、填写各种表格和问卷。在这种"合作"的过程中,高校教师和幼儿园教师往往充当着研究者和被研究者的角色。这会让幼儿园教师感到不适,并认为高校教师的指导是"不接地气"的,无用的,甚至是干扰工作的。因此,这种无收获的合作,让幼儿园教师们不愿意付出原本就不多的精力。

拓展阅读:

在"校·园"一体化幼儿园教师培养培训模式实践探索的最初阶段,笔者选取了一所高职院校和一所原本就是该高职院校实践基地和用人单位的幼儿园。在"校"和"园"两个层面提出幼儿园教师一体化培养培训模式后,遇到了一定的阻力。其中,最主要的是来自幼儿园教师的淡漠与不配合。

合作的幼儿园是一所集团化的大型幼儿园,被评为省五星级幼儿园,作为全国园长和骨干教师培训基地,此幼儿园经常接待来自全国的参观团,也常接受来自高校专家和领导们的沉浸式指导。在此项研究之前,也接受过来自当地职业技术学院学前专业教师的驻园指导。一线教师们对此项研究的态度较为淡漠,觉得这次的合作,职业院校领导和老师的来园,就像之前的驻园老师一样,短暂的相遇,又分离;也像之前接待全国层面参观团一样,需要拿出"最好的一面";这次的专家也像之前来园指导的专家们那样,要么太过理论化,即使能带来实际指导,也像蜻蜓点水般一带而过。"以前的专家来了,理论特别'高大上',理念也很先进。我们听的时候也是热血沸腾,可是等专家走了,我们需要落实到实践层面时,发现问题很多。后来觉得,这些理论跟我们的实

践大多都水土不服。也有专家的讲座特别接地气,能在实践上帮到我们,但专家也总是来也匆匆、去也匆匆,时间一长,他带来的新方法等也就慢慢在实践中退场了。"

二、园长和幼儿园领导层的应付和不支持

前文提到,幼儿园园长对于"校"和"园"之间的合作从立场上是支持的。但是,这也不代表全部情况。并且,在幼儿园的领导层面中,除了园长之外,还有分管业务、后勤等工作的保教主任等领导。从调研的结果看,他们更倾向于排斥这些合作项目。具体来说,幼儿园园长和领导层对合作应付和不支持的原因有以下几点。

(一)无预期收益,让园长也逐渐打消合作的念头

在之前高等院校与幼儿园之间那样一种泛泛的合作之下,可想而知,对于幼儿园的教师团队建设、幼儿园教育教学的提升并不能带来什么实质性的效益,反而有可能是"添乱"。在这样的情况下,高校与幼儿园的合作并没有带来预期中的收益,这可能会让园长及幼儿园的其他领导也逐渐打消合作的念头。

拓展阅读:

在提出"校·园"一体化深入合作的项目后,遇到各方阻力是预期之内的情况。但是没想到的是,其中有一位园长,之前非常支持"校"和"园"之间的沟通交流,多次提出想要邀请高职院校的教师莅临幼儿园对一线教师进行培训指导,但这一次却委婉地表达了拒绝。在与这位园长深入交流后发现,目前幼儿园处在不太"稳定"的状态,不太希望合作。原来,这所幼儿园开办以后,一心朝着示范级幼儿园的目标奋斗,一线教师们加班加点工作基本上可以说是一种常态。因此,幼儿园园长承诺教师们,如果评级成功,将会根据标准提升大家的工资待遇。但是付出未必就能有所收获,在首次评级的过程中,该幼儿园以失利告终。就在园长召开全园教职工大会,鼓励大家不要泄气、希望大家再接再厉的时候,一些教师因为工作强度大、压力大,但工资待遇没有改善,而"另谋高就"。7—9月短短的两个月期间,教师队伍中有十余人(近三分之一)离职,让园领导们措手不及。临时决定招聘教师面临的情况

将是,去年的毕业生已经"名花有主",新一届的学生还有将近一年才能毕业。面对着急用人的情况,园领导们不得不降低标准,聘用了一些没有达到幼儿园制定的用人标准、只具备教师资格证等基本条件的人员。

以上的案例正好印证了亚当·斯密在经济学领域的一段名言:"很多时候,一个人会需要兄弟和朋友的帮助,但假如他真的要依靠他们的仁慈之心,他将会失望。倘若在需求中他能引起对方的利己之心,从而证明帮助他人是对自己有益的事,那么这个人的成功机会较大。"① 由此可见,双方共同利益的追求和获得是"校·园"真正深度融合与合作、一体化进行幼儿园教师培养培训的坚实基础和条件保障。

(二)不方便管理,让幼儿园的领导层不支持合作

幼儿园各项事务特别繁杂,需要有科学的管理体系。但目前来看,多数幼儿园存在着管理漏洞,让身在其中的领导和老师倍感工作的"沉重"。有些幼儿园领导在总结幼儿园管理工作的时候会说,"幼儿园的活越来越没法干了,好多地方管着你,什么卫生、安全、保健等等,四面八方,无从招架"。而且,有一个现象是不能被忽略的,那就是现在的幼儿园领导层多数是从原来一线教师队伍中经验丰富的教师转化、提拔而来,这些教师多为骨干,在教育教学方面虽然经验丰富,但是普遍缺乏管理方面的知识和经验。这就造成当这些不太擅长管理的领导们应对来自四面八方的繁杂业务时,幼儿园一线教师们会感觉到"工作东一头、西一头的,毫无章法,密不透风,每天都感觉喘不过来气"。因此,从幼儿园管理的角度来讲,幼儿园的领导们会十分欢迎来自高职院校的实习生进驻幼儿园,帮助幼儿园处理一些"杂物活"和进入班级帮助一线幼儿园教师应对繁忙的班级工作,但是却不会愿意支持这种"校"和"园"之间一体化的深层次融合与合作。

拓展阅读:来自幼儿园业务领导的排斥

在"校·园"一体化幼儿园教师培养培训项目最初提出和探索的过程中,在幼儿园层面,虽然行政园长支持此项研究工作,却遭到了来

---

① [英]亚当·斯密著;郭大力,王亚南译. 国民财富的性质和原因的研究 [M]. 北京:商务印书馆,1972:26.

自幼儿园业务领导层面一定的排斥。"现在的幼儿园业务工作非常繁杂、繁重,比如,每个学期都要完成上级部门硬性规定的集体大教研活动8次,集体园本培训4次,科研培训4次,骨干教师、青年教师和新教师培训每个月最少各一次。还有教师基本功拉练,教师游戏组织拉练、教师集中教学活动拉练等等。幼儿教师由于工作的特殊性,只能利用幼儿午睡的中午时间进行教研和培训,基本上从周一到周五中午的时间都安排满了,如果再外加一项任务,真的没有时间安排。"

三、高职院校教师的质疑和不参与

"校·园"一体化幼儿园教师培养培训的项目在最初不仅遇到了来自幼儿园层面的一定阻力,在高职院校层面,也同样遇到了一定的困难。当提出"校·园"一体化教师培养培训的模式实践探索,需要高职院校的教师们与幼儿园密切合作,对毕业学生追踪指导,对一线教师提供针对性培训时,得到了高职院校专业教师们的质疑。他们不积极参与的原因主要有:成就感不高、时间不充分、变数太大。

(一)成就感不高,价值感缺失

来自高职院校的专业教师们对"驻园"这项工作认识不足,认为这种"面"上工作无成效,耗时耗力。高职院校的教师希望自己介入幼儿园的工作后,能够让幼儿园教师的教科研水平快速按照自己的思路有所提高,对幼儿园的教师队伍建设有所帮助。但是,由于各种复杂的现实原因,幼儿园教师并无明显提高。这让高职院校的教师们在这项工作中缺乏价值感,因此,再听到"校·园"一体化的深度合作项目后,会提出质疑,不愿意参与。

(二)时间不充分,精力不允许

随着国家对高职院校的大力扶持,高职院校呈现出快速发展之态,随之而来的是,在这一快速发展道路上孜孜奋斗的专业教师们,除了基本的教学、科研工作外,还要不断学习以适应快速发展的节奏。在"校·园"一体化模式提出后,他们普遍提出没有充足的时间,他们也没有多余的精力去参与这项"新鲜"事物。

"我们真的没有时间'折腾',平时课时很多,需要花费大量的时间和精力备课、上课,而且还有自己的课题需要研究。"

(三)变数太大,"投资"风险高

高职院校的教师如果因课题研究等的需要有去幼儿园驻园的意愿时,往往会提前计划好,以合理安排自己的教学、研究、驻园工作。但是幼儿园的"变数"是比较大的。因为幼儿园最基本的工作是保育和教育,与高职院校合作提升是在保障全园师生安全、保证完成基本的保育和教育工作基础上才会被提上日程的。高职院校教师在与幼儿园合作的过程中会发现,这种合作工作往往在幼儿园的各项工作中处在最为边缘的地位,如果幼儿园在合作的过程中接到其他紧急任务,那么合作就可能被中止或者左拖右拖、最终不了了之。这就会打乱高职院校教师的工作计划,造成时间和精力的浪费。

拓展阅读:一位高职院校教师的驻园工作反思

当我进入幼儿园时,园长和老师们的热情是非常让人震撼的。在这样热情氛围的包裹下,我刚开始的驻园工作格外幸福。园长和老师们围着我热烈地讨论,专家长、专家短地每天这么叫着,我被推上了前所未有的高度和地位,这我感受到了很强的尊重感,虚荣心得到了前所未有的满足。但是,可能正应了那句话,"教谁就像谁",他们的情绪就像孩子一样不稳定,热情说没就没。就因为他们被区里选拔,承担了"校园足球"的项目,且比赛日期迫在眉睫,于是大家都纷纷热情地投入到这个项目中。我感觉几乎是园长一声令下,提出要坚决、保质保量完成这个紧急、艰巨而又光荣的任务后,所有人瞬间倾巢而出,忙活起来"校园足球"的项目及比赛。教练的聘请、器材的采买、足球队员的选拔与训练,与足球小队员家长的沟通、协调等,好一派热闹、繁荣的景象。于是乎,就没有人再关注我们之前的合作项目。每天进入幼儿园,他们依然是很热情地打招呼,但这种热情似乎也仅限于打招呼了,打完招呼后就再也没有别的要跟我说了,我在幼儿园里似乎也就成了一个"透明"的存在。再后来,就不了了之了。这次的合作带给我的体验是,我们在幼儿园的领导和老师们心里似乎是一种理念探讨与学习的消遣,可有可无。

第二节　策略探析——怎样实现真正的合作

教育部教育司原司长王定华在《培养新时代的大国良师——普通高等学校师范类专业认证工作指南（试行）》的序言《启动实施师范类专业认证，夯实新时代高素质教师培养基石》一文中谈到教师培养问题时指出："振兴教师教育需要顶层设计，综合施策，需要因地制宜，群策群力。"王定华在《用奋进之笔谱写新时代教师队伍建设新篇章》一文中也指出，要将深化教师队伍建设改革的各项政策举措"落细、落小、落实"。由此可见，在"校·园"一体化幼儿园教师培养培训模式的构建中，既要遵循"顶层设计的原则和综合策略"，也要针对具体情况"因地制宜、群策群力"。因此，结合以上的原因分析，不难发现，要想实现真正的合作，构建"校·园"一体化的幼儿园教师培养培训体系，所有参与主体就首先要转变以下几个方面的理念。

一、理念转变

（一）"深度融合"合作理念

首先，"校·园"一体化幼儿园教师培养培训模式的参与双方都要以"深入融合"式合作为目的。幼儿园教师教育基本分为两个主要阶段，一是以"校"方为主的幼儿园教师职前培养，二是以"园"方为主的幼儿园教师职后继续教育。但是，这两个阶段并不仅仅只是简单的衔接关系。幼儿园教师的职前培养为职后的继续教育奠定良好的基础，而职后的继续培训是职前培养的规范、延伸和发展。职前培养和职后培训这种复杂、密切的关联就使得"校"和"园"的双方也不能局限于一种简单的衔接关系，要通过"深度的融合"建立"你中有我、我中有你"的密切互动和贯通。虽然合作的双方各自有自身主体性的任务，但都涵盖于幼儿园教师教育的整体之中，所以，只有深度的融合才能正确、清晰地把握职前和职后一体化、整体化的关系，达到预期的效果。

（二）"持续发展"合作理念

"持续发展"的合作理念有两个方面的含义。一方面，"校·园"一体化幼儿园教师培养培训体系中，高职院校和幼儿园之间的合作首先应该确保持续性。高职院校和幼儿园之间不是以合作一次、合作一个学期、合作一年为目标,而是长期保持紧密联系,为一体化培养培训幼儿园教师持续合作。持续进行是深层次合作的基础。另一方面,"持续发展"是指随着"校"和"园"双方合作的持续进行,有安排、有计划地进行,而不是顺其自然、自由发展。"校·园"一体化幼儿园教师培养培训模式也在实践探索的过程中不断发展与完善。

(三)"灵活可行"合作理念

在"校·园"一体化幼儿园教师培养培训模式的建构中,虽然有政府学前教育管理部门、托幼行业协会等机构和部门的参与,但主体或者说主要力量是学校和学前教育机构,也就是简称的"C-K",与"C-G-K"的最大区别就是政府层面的主导作用减少,这一点有利也有弊。弊端就是没有政策的强行规定,没有经费等的支持;有利的地方就是没有过多的外部条件操控,会更加灵活高效。因此,在"校·园"一体化幼儿园教师培养培训体系的建构中,要想方设法克服条件的限制,争取在有限的时间内发挥最大的优势与潜能,这就更加要求人员上的自发自愿,形式上的灵活高效。

(四)"理实融合"合作理念

"理实融合"的合作理念中,"理"是指理论知识的掌握,"实"是指实践能力的提升。"理"与"实"的割裂是教师教育和教师专业发展中的一大难题。传统的高职院校,包括其他类型的高等教育大学、院校等,课程设置的模式多为先学后做,即先让师范生们在课堂上学习专业理论、专业知识,然后再让其去练习,去实践。所以,包括高职院校在内的高等教育教学模式中,师范生的实践类课程多被安排在学制的最后一年。但是,许多研究也表明,最后实践实习的效果由于诸多的客观因素而无法取得理想的效果,或者说实践实习阶段的"做"并非是真正意义上的"做"。传统意义上认为,理论知识掌握是通过"学"而来,例如高职院校学前教育师范生们的课堂学习;实践能力提升是通过"做"而来,例如一线幼儿园教师的教育实践、师范生们的专业实践活动,主要包括专业技能的实践练习、专业岗位的实践体验等。但是,这种观点,不仅将"理"与"实"生硬割裂,而且将"学"和"做"简单孤立。理论知识的掌握仅仅是通过"学"而来吗?实践能力的提升仅仅是通过"做"而来吗？难道通过实践中的反思不能更加有助于理论知识的理解和把握吗？综合上面两个方面的论述，"理实融合"的合作理念应该是指从"先学后做"到"边学边做，边做边学"和从"学理论""做实践"到"学做一体，理实融合"的两个转变。在"校·园"一体化幼儿园教师培养培训模式构建的过程中，要始终贯穿这种"理实融合"的合作理念。

拓展阅读：一位幼儿园新教师的工作心得体会

在我所学的学前教育领域，有一位大家：蒙台梭利。相信所有学前教育专业的学生或者是幼儿园教师都会知道她，并或多或少地学习和掌握一些蒙氏的教育理念和教育方法。蒙台梭利让我印象最深刻的除了她是"国家第一位女医学博士""学前教育界的'杜威'"外，还有她的一句名言："我听过了，我就忘了；我看过了，我就记得了；我做过了，我就理解了。"之前大三开始，我去幼儿园见习和实习的时候，都觉得幼儿园教师的工作看起来还是蛮轻松的。孩子们大部分都很听老师的话，班级的小朋友常规真的很好，老师们组织什么活动都不费劲。偶尔有调皮的小朋友，老师们也能很轻松地应对。可是，当我自己真正成为一名幼儿园教师后，我发现，我组织活动的声音被淹没在了孩子们叽叽喳喳、你一句我一句的声浪里。为什么别人班的孩子都那么听话，而我班级的孩子对我的话充耳不闻呢？为什么孩子们调皮捣蛋、犯错误的时候我应对不了呢？他们的小脑瓜里到底在想什么呢？为什么会是这个样子呢？这些都让我苦恼不已。我去请教我们幼儿园有经验的骨干教师们，他们告诉我，首先要学会观察孩子、分析孩子，了解原因，找寻对策。当然，对策需要在一点一滴的实践中去慢慢积累。当你会分析孩子，读懂孩子，再加上积累了一定的经验后，上面的问题就会迎刃而解了。我的领导们、骨干老师们都建议我多读一读儿童心理学方面的专业书籍。我想说的是，儿童心理学这门课我是学过的呀，考试的时候背得特别认真，还取得了很不错的成绩。不过，按照目前我在幼儿园里的工作表现来看，我所背过的那些东西似乎又都还给老师们了。那些知识好像只是作为一些没有多大意义的符号短暂地停留在我脑子里一段时间而已。哎，有点后悔当初学习这门课时太功利主义了，只是记得好，而并不是理解得好。

从上述案例中可以看出，许多学前教育的师范生们往往是在毕业入职以后,通过真正地"做"幼儿园教师这一职业,通过反思才能意识到许多的问题。实际上,这些问题是可以通过专业的学习来解决的。可惜,这时候,已经结束了专业理论与专业知识学习的阶段,与高职院校的专任教师们基本也切断了联系。而真正在学校里有大把时间学习专业理论和专业知识、有专任教师和专家教授近距离指导的黄金学习期却因为师范生们还没有"做"过而导致学习浮于表面。

所以,要规避这种现象,就要打破传统的"先学后做"的培养模式。在高职院校学前教育整体的培养体系中,应当创设条件让师范生们"边学边做,边做边学"。在"校·园"一体化的幼儿园教师培养培训模式中,通过课堂理论学习和基地实践体验的有机融合,可以实现这种边学边做、边做边学的有益模式。一方面,这样可以帮助师范生们把刚学习和吸收的理论知识进行实践转化与运用,从而真正将知识纳入自身认知的结构体系,并发现问题,以便于下一步更好地进行理论的学习。如此循环往复,形成一个积极的知识吸收与运用系统。另一方面,"校·园"一体化的培养培训模式也能给正在"做"中的幼儿园老师解决"做"中遇到实际问题的理论支撑。"边学边做""边做边学""学做一体""理实融合"的高效培养形式,也会在很大程度上解决幼儿园教师们理论与实践相脱节的问题。

二、策略探析

为保证"校"和"园"之间深度、持续、高效的合作,顺利构建"校·园"一体化幼儿园教师培养培训模式,结合上一节的现实原因分析,可以从"增强保障性""提升可行性"和"促进深入性"三个方面采取有效策略。

(一)增强保障性

1.平等、信任的文化建设

有效的"校·园"一体化幼儿园教师培养培训模式,首先要建设平等、信任、分享的合作文化氛围。前文已经分析过,以往高校和中小学、幼儿园之间合作趋于表面化的一个重要原因就是来自两种机构文化的格格不入,也提到了来自一线的教师由于感受到了地位上的不平等而消极参与合作项目甚至拒绝参与等。只有信任、平等文化的建设,才能促使双方真正实现坦诚相待、真诚分享,才能实现双方资源利用的最大化。在"校·园"一体化幼儿园教师培养培训模式中,只有所有成员互相信任、互相尊重,每位参与成员感受到自己被信任、被尊重,才能确保每个人真诚地奉献自身的经验和智慧,在工作的过程中才能感受到身心的愉悦。否则,成员将不乐意或拒绝分享,而使得"校·园"一体化的培养培训模式的作用被大大抑制,事倍功半,达不到预期的效果。

2.各项保障机制建立

要进行持续的、长期的合作,还要充分考虑到高职院校和幼儿园属于不同的管理体制,分别要面临不同的具体情况,因此,需要建立必要的保障机制,以确保在不可预期的问题出现时,合作能够继续进行。在这些保障机制的作用下,高职院校和幼儿园联手才能打造出不断研究与学习的氛围,不仅加强了高职院校学前教育专业师范生和经验丰富的幼儿园骨干教师之间的联系和交流,也加强了一线幼儿园教师与学术人员之间的联系与交流,使两个分别的场域和场域联接之间都形成一种开放的、不断吸收与学习的共同体。

拓展阅读:保障机制的建立

为了保障高职院校和幼儿园之间的持续的、密切的合作,以实现"校·园"一体化的幼儿园教师培养培训,高职院校层面从管理、考核、奖励等方面制定了详细的保障制度和实施办法,包括《学前教育专业教师幼儿园挂职实践管理办法》《幼儿园兼职教师聘任管理办法》《学前教育专业兼职教师资源库更新办法》《学前教育专业"订单班"组建与运行管理规范》《学前教育专业"订单班"人才培养方案制订的原则意见》《学前教育专业"校·园"合作开发教材管理办法》《学前教育专业"校·园"共建实训基地管理办法》《学前教育专业校外实习基地建设管理办法》《学前教育专业"校中园"管理规范》《学前教育专业学生顶岗实习管理办法》《学前教育专业"校·园"合作考核与奖励办法》《教师园长交叉兼职津贴发放办法》12项管理运行机制文件。从幼儿园层面来说,也制定了《幼儿园对接高职院校原则意见》《幼儿园接受高职院校挂职领导管理办法》《幼儿园接收高职院校实习生管理办法》等管理制度文件。

3.领导者的核心领导力提升

卓越的领导力是一个项目是否能够成功实施的关键。在"校·园"一体化幼儿园教师培养培训模式中,启动构建双方合作关系的人往往都是高职院校和幼儿园的核心领导人。领导者必须具备卓越的领导力,了解并熟悉双方在幼儿园教师培养培训方面存在的基本问题;同时具有高效的决策力,能够提出合作的可行方案和遇到问题时的合理解决方案;还应具备良好的组织力,在合作方案实施的过程中,不断通过良好的组织,促进高职院校和幼儿园之间合作关系不断趋于成熟,使两个组织部门不断发展出凝聚力。

鉴于卓越的领导力在"校·园"一体化幼儿园教师培养培训模式建构中的重要作用,核心领导者们还应该具备先进的教育理念、迎难而上的勇气和决心、坚韧不拔的优良品质等。卓越的领导者自身还必须首先坚信并秉持互信、互惠、互利、平等的合作原则,并渗透给教师们和参与者们,这样才能促成高职院校和幼儿园之间持续的、深入的合作,才能最终形成"校·园"一体化幼儿园教师培养培训模式。

(二)提升可行性

前文已经提及,"校·园"一体化,也就是简称的"C-K",与"C-G-K"的最大区别就是政府层面参与的程度小。这虽然会使模式的构建和落实难度加大,但同时也因为没有过多的外部条件操控,会使模式的构建和实践更加灵活。可以达成共识的一点是,"校·园"一体化幼儿园教师培养培训虽然是一个涵盖方方面面内容的庞大系统,但在一体化模式的建构中需要从"胡子眉毛一把抓"转向"以项目为抓手"的各个击破;需要从小处着眼,以项目(或者课题、问题)为抓手,进行专业实践共同体的建构。这样才能在无过多强制性措施的条件下,最大限度提升可行性。

1.大目标下的小任务分解

第一个有效提升灵活性和可行性的方法是将"校·园"一体化幼儿园教师培养培训模式的大目标分解成具体的小任务。这些小任务可以体现为以下的形式:

(1)明确主题

在实践的过程中,抓住契机,从具体问题、任务、需求入手,明确项目主题。

例如,可以先根据合作双方的实际情况,选择一个亟待解决的问题作为近期的目标,从而明确主题。

（2）人员选拔与动员

鉴于以上三个方面的阻力,在高职院校和幼儿园之间进行"校·园"一体化模式的探索与实践,就首先要进行动员工作。只有来自高职院校的专业教师和来自幼儿园的一线领导、教师态度上认可,行动上才会积极参与。

（3）专业共同体建构

专业共同体的建构就是在"一体化"大理念下的小团队组建。每个具体的主题可能会在人员的需求上有所不同和侧重。因此,当主题明确后,首先根据主题的需求选择进入专业共同体的成员。其次,根据实际过程中的动员情况,最终确定可被纳入专业共同体的人员,实现专业共同体的建构。

（4）方案制定

主题和人员确定后,就可以着手进行方案的制定,并依据方案逐步实施,以尽快解决现实中遇到的问题。当然,制定的方案并不是一成不变的,会根据实施的反馈进一步调整,反复进行方案的敲定。

拓展阅读:"校·园"双主体人才培养方案的试行、改进与实施

在制定"校·园"双主体人才培养方案后,首先通过校内外专家论证,然后在选择学前教育专业的某一个班级进行试点工作。在试点班级,学校和学前教育机构都以主体身份进入"订单班"学生的培养过程,由双方共同承担教学任务、共同进行考核评价。在试点的基础上,学校继续修订"校·园"双主体培养方案,并长期开展。

2. 大基础上的小步骤突破

教育部教育司原司长王定华在《启动实施师范类专业认证,夯实新时代高素质教师培养基石》一文中谈到教师培养问题时指出,教师队伍的培养,要"在重大的历史交汇时期,发扬成绩、直面问题、突破瓶颈、砥砺前行",才是正确的选择。"校·园"一体化的幼儿园教师培养培训体系是在以往的高校与中小学校、高校与幼儿园的合作培养模式中发展而来,一次性就达到完美的或者预想的一体化幼儿园教师教育效果也是难度巨大的。为了提升可行性,就应该是一个大基础上的小步骤突破。即在现有的成果基础上,实现一小步、一小步的突破,通过"实践—反思—再实践—再反思"的样态,逐步地、螺旋式地提升。具体做法包括四点。一是发扬成绩,即总结现有基础。二是直面问题,以问题为抓手确立下一个具体的解决方案。三是突破瓶颈,即通过方案实施,实现小步骤的突破。四是砥砺前行,即延续这种做法,并通过不断反思和不断改进,追求更大的突破和提升。

拓展阅读 1:"校·园"一体,提升教育实习效果

以"校·园"共同努力,提升教育实习效果为例,可以分为以下的小步骤进行突破和提升。

(1)发扬成绩

目前在学前教育师范生的教育实习方面的基础是:

一方面,充分保证了学前师范生的实践时间,包括教育见习、教育实习、教育研习等环节,保证满足不少于 18 周的要求。

另一方面,大力配置发展了实践基地,基地尽可能囊括公办、普惠、民办等形式,多多联合全国知名连锁品牌幼儿园和省五星级、四星级优质幼儿园,以保证实践基地数量、形式上的丰富和质量上的优越。基地的数量要符合《培养新时代大国良师——普通高等学校师范类专业认证工作指南(试行)》中规定的小于 20:1 的需求,即每 20 个实习生配备不少于 1 个教育实践基地,以保证能提供适宜的教育实践环境和实习指导,满足学前师范生们对教育实践的需求。

(2)直面问题

目前学前教育师范生在教育实习方面遇到的问题有:

第一,课程安排密集,学前师范生课业压力紧张,实践活动效果不理想。

第二,实践活动时间虽然充裕,但师范生的实践目标意识不强,往往以体验为主,到达实践基地后,也就是在幼儿园里走马观花一般,没有收到较高的效益。虽然教育实践的时间达到了大于等于 18 周的要求,实习生数与教育实践基地的比例也小于 20:1,实际的效果却只停留在教育见习的程度,教育实习不够深入,教育研习更是缺失。

(3)"校·园"共育,突破瓶颈,砥砺前行

"校·园"一体化幼儿园教师培养培训模式的实践教学环节由学校

教师与幼儿园有实践经验的一线教师对实习学生进行长期共同指导，帮助实习学生将在学校学习的专业知识与在幼儿园的实践内容有机融合、前后贯通，真正成长为理实一体，有知识、有能力、能"动手"、会思考的"准职业"人员。

拓展阅读2："校·园"一体，共研五大领域教学

幼儿园教育中的五大领域：健康、语言、社会、科学、艺术教学能力是高职院校学前教育专业师范生培养和幼儿园教师专业能力提升共同关注的话题。共同需求是合作的起点，为深度合作和融合提供了可能。

（1）发扬成绩

高职院校：充分重视，保证相关课程的学习、时长和学分等。

幼儿园：充分重视，通过园本培训、教研、测试等落实《3—6岁儿童学习与发展指南》的五大领域。

（2）直面问题

高职院校：虽然开设充足的课程，但师范生入职后大部分仍然存在五大领域实践教学能力不足的问题。

幼儿园：虽然相关园本培养和教研搞了很多次，但是效果一般。为了督促教师的继续学习与提升，多次组织《指南》五大领域考试。一部分幼儿园教师认为这种考试应该是在学生时代做的事情，让他们这些"年龄"大了的人去学习和背诵书本知识、去考试，简直太折磨人了。虽然也有一部分幼儿园教师们在考试中表现优异，但"背下来"的《指南》五大领域在实践中却不会运用。

从上面的描述可以看出，问题主要在于理论知识的学习要得其法，死记硬背是没有效果的。应该发挥高职院校教师专业性的优势，指导师范生和一线教师在学习的过程中自主学习、自主思考、自主发现、自主建构理论体系；其次，问题出在理论知识的学习需要实践运用指导，这就要发挥幼儿园实践基地的优势，让经验丰富的骨干教师或者业务领导层对实习的师范生和一线教师进行实践指导，以理论结合实际，最终提升五大领域的教育教学能力。

（3）突破瓶颈、砥砺前行

通过"校·园"一体化幼儿园教师"五大领域"教育教学能力提升的培养培训模式体系构建，将幼儿园健康、语言、社会、科学、艺术五个领域的活动设计与实施落实为师范生和幼儿园一线教师们五大领域活动设计与实施的相关知识和能力。

3. 大集体下的各岗位体验

在"校·园"一体化的幼儿园教师培养培训模式中,高职院校的领导和专业教师、幼儿园的领导和一线教师、学前教育的师范生等人员同在一个大集体中。大集体下的各岗位体验指高校教师走下讲台,走进幼儿园工作岗位;高校学生走出教室,进入幼儿园讲台,这种岗位体验、情景教学引发的思考会深远影响高校的教育教学改革,加快学生职业成长步伐。策略具体包括以下做法:

一是角色转换,通过岗位体验、情景教学加强师生职业认知。以往的研究和实践中都发现,学前教育的师范生往往角色模糊,尤其是在实习和刚入职阶段。虽然从第二学期开始的保育见习到第六学期的顶岗实习全过程"校·园"共育,大大缩短了学生新入职后的职业适应期,能够帮助新入职的师范生们快速成长为合格幼儿园教师,但仍需要形成"在校学生"和"准幼儿园教师"角色反复转换的人才培养过程。

二是师资互聘,打造"教师园长化"和"园长教师化"的教师、园长交叉兼职的双师素质与双师结构教学团队。高校选派专业带头人、专业骨干教师以幼儿园教学园长、教师的身份到幼儿园挂职锻炼,有计划地安排任课教师以幼儿园教师身份到幼儿园顶岗幼儿园实践;幼儿园园长以专业主任身份到高校挂职锻炼,骨干教师以兼职教师身份到高校担任外聘教师,担任实践教学指导工作。

拓展阅读:教师园长化,园长教师化,打造双师结构教学团队

在"校·园"一体化幼儿园教师培养培训的模式构建及实践过程中,总结出了"教师园长化,园长教师化,打造双师结构教学团队"的有效经验。具体做法如下:

一是完善《学前教育专业教师幼儿园挂职实践管理办法》《幼儿园兼职教师聘任管理办法》《教师园长交叉兼职津贴发放办法》等规章制度,从制度、机制上确保"校·园"交叉兼职。

二是选拔培养专业带头人。专业带头人通过参加国内外培训、到幼儿园担任教学园长等途径,使专业带头人能够掌握学前教育专业发展动态,具有引领学前教育专业发展的能力。

三是选拔培养骨干教师。通过参加国内外培训、到幼儿园担任教学园长、到国内开设学前教育专业院校考察等途径,使其能够承担专业核心课程建设和教学工作,提高社会服务能力。

四是选择培训幼儿园兼职教师。以幼儿园园长、教学副园长、学科负责人为主体,建立兼职教师资源库。加强对兼职教师的教学技能培训,确保其有效完成教学任务。

(三)促进深入性

1. 知己知彼策略运用

"校·园"一体化幼儿园教师培养培训模式中,"校"和"园"双方要从割裂到衔接再到融合,需要双方充分了解和熟悉彼此。只有经过充分的熟悉和深入的把握,双方才能真正做到"你中有我、我中有你"的融合。要做到深入熟悉,有两个方面的具体做法。一是高职院校的专业教师通过在幼儿园的挂职、驻园、开展培训和教研等形式充分理解和体验幼儿园教师教育教学的现状及其具体的专业发展需求。二是幼儿园的骨干力量走进高职院校进行交流甚至任课,通过与高职院校教师的交流和对师范生学习现状的把握,清晰掌握幼儿园教师的具体从业要求,有助于加强在职教育的规范性。

2. 反思性经验生成

在"校·园"一体化幼儿园教师培养培训模式中,要及时反思关系,总结经验。以某一段时间为节点,例如每个学期末,引领幼儿园教师重新回顾"校·园"一体化项目的整体目标,总结在这个合作的过程中,哪些内容在教育实践的改进中发挥了重要的作用。通过对合作经验的回顾与讨论,可以帮助教师充分认识到合作的作用、自身参与的价值。这样,有利于教师持续积极参与合作,参与"校·园"一体化培养培训的相关项目,并通过贡献自己的智慧获得自身的专业发展。

第三节 模式建构——怎样形成"一体化"的培养机制

建构"校·园"一体化幼儿园教师培养培训模式,是为了更好地推广这种模式。可以从内涵、要素、基本步骤、发展阶段、经验做法等方面来具体阐释"校·园"一体化幼儿园教师培养培训模式的建构。

一、"校·园"一体化幼儿园教师培养培训模式的内涵

(一)模式

模式的概念,引自现代科学方法论中一种重要的方法:模式方法。在自然科学领域,又常称为模型研究方法。[①] 有的学者将"模式"界定为"对现实事件的内在机制以及事件之间的关系的直观和简洁的描述",[②] 而更多的教育领域内的学者倾向于把模式界定为"可以作为范本、摹本、变本的样式"。[③]

"校·园"一体化幼儿园教师培养培训模式中,模式就是其内在构成要素及其要素之间不同关系所组成的结构。

(二)幼儿园教师培养培训

幼儿园教师培养培训的概念可以追溯至《中共中央关于教育改革全面推进素质教育的决定》文件颁布之前的"师范教育"和文件颁布后逐步取代"师范教育"而出现的"教师教育"。师范教育包括职前的教师培养、初任教师的聘任和教师的在职培训。但是在实践的过程中,人们往往忽略在职的部分,而简单地把师范教育等同于教师的职前教育。因此,随着世界教师专业化的潮流,随着人们对教师专业一体化的认识,师范教育的概念逐渐被教师教育所取代。教师教育这一概念首次出现在《中共中央关于教育改革全面推进素质教育的决定》中。文件指

---

① 查有梁.系统科学与教育[M].北京:人民教育出版社,1993:381.

② [英]丹尼斯·迈奎尔,[瑞典]斯文·温德尔著;祝建华,武伟译.大众传播模式论[M].上海:上海译文出版社,1997:3.

③ 赵静.英国"以学校为基地的"教师培养模式研究[D].南京师范大学,2006:3.

出："完善教师教育体系,深化人事制度改革,大力加强中小学教师队伍建设。"教师教育就是对教师培养和培训的统称。因此,幼儿园教师培养培训体系正是将幼儿园教师职前培养和教师继续教育联系起来统一组织,使两者相互衔接、相互促进的现代教师教育体系,能够较为有效地促进和实现教师的终身学习和终身发展。[①]

(三)校·园"一体化幼儿园教师培养培训模式

"校·园"一体化幼儿园教师培养培训模式就是指各构成要素及其相互影响的运行方式。其中,各个构成要素包括从事幼儿园教师培养培训的主体、受教育和培养培训的主体、管理主体之间为培养和培训幼儿园教师而构建的相关培养培训理念、目标、教育中介物等等。这些要素之间形成的能够具备传播和推广意义的、交互复杂的关系及其运作方式,就称为"校·园"一体化幼儿园教师培养培训模式。

"校·园"一体化幼儿园教师培养培训模式中包括许多具体要素,从主体来说,包括高职院校和幼儿园;从对象来说,包括来自学前教育专业的师范生和幼儿园一线教师;从实施工具来说,包括开发的课程、建设的物质基础等。

二、"校·园"一体化幼儿园教师培养培训模式建构的核心任务

总体来看,"校·园"一体化幼儿园教师培养培训模式的要素都可以纳入三个基本的范畴里:平台、机构和项目。也就是说,"校·园"一体化的幼儿园教师教育模式的建构可以具体以平台为基础、以机构为主体、以项目为抓手。

(一)平台及平台建设

"校·园"一体化幼儿园教师培养培训模式中首先要推进"校·园"合作平台建设。平台的建设是基础性工作,可以通过对原"校·园"合作模式进行改革,组建由政府学前教育管理部门、托幼行业协会、学前教育机构和学校共同参与的"校·园"合作指导委员会和专业建设指导

---

① 饶武.美国教师教育课程演进及其对我国的启示 [D].江西师范大学,2006.

委员会来搭建"校·园"一体化的合作培养培训平台。

（二）机构及机构对接

"校·园"一体化幼儿园教师培养培训模式中最主要的机构是高职院校和幼儿园，当然也会包括政府学前教育管理部门、托幼行业协会等机构。这些机构，尤其是主要的两个机构有各自不同的体制、管理模式和文化。因此，机构及机构之间的对接也是一体化模式能否成功践行的关键。

拓展阅读：积极推进"校·园"对接，深化人才培养模式改革

在积极推进"校·园"对接，深化人才培养模式改革方面，通过践行学校"与知名企业深度融合"理念，积极寻求区域内规模较大、影响力较强的幼教机构开展合作，先后与区域内 100 多家学前教育机构签署了长期合作协议，奠定了订单培养基础。

（三）项目及项目实施

在对美国教师专业发展学校进行的大量研究中发现，在组织结构上，教师专业发展学校是由行动小组或者工作小组为单位来开展工作的。行动小组的成员通常包括来自中小学的一线教师、大学教师、教育专业的研究生和师范生。而且，一个理想的结构小组通常包括了 4—5 名经验丰富的一线教师、2—3 名理论和科研水平较高的大学教授、5—10 名教育专业需要提升实践能力的研究生和若干名师范生及其其他一些人员。而建立一个行动小组的目的就是为了解决在教育实践中一个亟待解决的问题，可能是临时的，也可能是需要付出长期的努力才能解决的。[1]

借鉴美国教师专业发展学校的相关经验，"校·园"一体化幼儿园教师培养培训模式也以具体的项目为抓手，而这些项目就来自于幼儿园教育实践中遇到的真实问题。也要针对每个具体项目的特点成立专门的工作小组，这个专门工作小组的主要任务就是"收集信息、制定行

---

[1] Turner, P. Metcalf &Fischetti, J（1996）. Professional Development Schools：Persisting Questions and Lessons Learned. *Journal of Teacher Education*，Vol.47，No.4，P.293.

动计划、实施计划、评估所采取的行动"。① 开展的主要活动可以包括以现场为基础的实践改进活动、课程理论短期培训、专题行动研究等。

项目是现代管理学的一个重要术语,而项目管理这个词是源于企业管理成功经验。企业在确立一个项目后,往往需要各个部门的协调努力,协调的过程即是处理、化解各个不同职能部门之间摩擦的过程,这势必会造成成本的加剧。为了节约成本,并使工作的实施更加高效,企业专门针对一个项目的需要从各个部门抽调人员组成临时的团队。借鉴这种成功的经验,在"校·园"一体化培养培训模式中,大的任务可以被分解为若干个小项目,而每个项目都由各自适宜的人员组成共同体,以便于项目的顺利实施。

"校·园"一体化幼儿园教师培养培训模式在实践运行中逐步形成了较为成熟的项目机制,具体包括项目目标(培养的核心价值追求)、项目内容(课程和教学资源建设)、项目实施(项目推进步骤)、项目评价等。

1. 项目目标

"校·园"一体化幼儿园教师培养培训模式的核心价值追求即为一体化项目的总体目标。在项目具体落实的过程中,需要对目标进行分解。按照"校"和"园"两个主体来划分的话,可以分解为职前培养目标和职后培训目标;按照教师专业化进程来划分,可以分解为准教师、新教师、成手教师、骨干教师和专家型教师的专业化发展目标。这些分解后的可操作的目标是一体化实施过程中的指引。

2. 项目内容

与项目目标相一致,项目内容也包括职前培养内容、职后培训内容;准教师、新教师、成手教师、骨干教师和专家型教师的培养培训内容等。这些内容在"校·园"一体化幼儿园教师培养培训模式的实践过程中,以课程、教学资源等形式呈现。

---

① 教育部师范教育司. 教师专业化的理论与实践(修订版)[M]. 北京: 人民教育出版社,2003:349–350.

拓展阅读：某高职院校"校·园"一体化课程和教学资源建设

课程和教学资源建设项目有 5 个子项目，分解为 20 项末级任务，目标任务完成。

（1）制定学前教育专业课程方案

依据教育部《教师教育课程标准（试行）》，参照调研结果，由学校、大连市托幼行业协会、学前教育机构、大连市教育科学研究所等共同参与，从课程结构、课程内容、课程实施与评价等方面，重构了学前教育专业课程方案。

（2）建设网络课程

依据教育部基本教学资源建设的相关指标，"校·园"合作完成了《幼儿教师教育技能训练》《学前科学教育活动与设计与指导》两门网络课程建设工作，已在高职院校的学前教育专业实施。

（3）学前教育专业资源网站建设

依托学校教学资源网站，部分课程资源已经上网运行。

（4）课程教学基本资源建设

依据国家教学基本资源建设思路，按照学校"教学质量提升工程"要求，完成了学前教育专业 23 门课程的教学基本资源建设工作。例如，在广泛调研的基础上，依据国家《幼儿园教师专业标准》《教师教育课程标准》，与合作学前教育机构共同开发《学前教育专业"校·园"双主体人才培养方案》《幼儿教师教育技能训练》等 4 门课程的电子教材、100 项幼儿园教育活动案例视频资源。

（5）教材编写与出版

"校·园"合作编写了《幼儿教师教育技能训练》《儿童文学应用与实践》《学前科学教育活动设计与指导》等 4 门任务驱动、项目导向课程电子教材。

公开出版《儿童文学应用与实践》《幼儿教师口语训练》等 3 本"校·园"合作教材。

3. 项目实施

项目实施是指项目推进步骤及过程，是系统推进"校·园"合作一体化培养培训的实质性工作。

4.项目评价

在项目评价方面,形成了由学校、幼儿园等多方共同参与的人才培养质量评价机制。学校重在学业评价,幼儿园重在岗位胜任能力评价。

拓展阅读:项目评价中尝试通过第三方评价促进人才培养质量提高

在项目评价中,除了形成由学校、幼儿园等多方共同参与的评价机制外,还尝试了引入第三方评价。一是建立由幼儿园、托幼行业协会、学生及其家长等利益相关方共同参与的专业建设指导委员会,由专业建设指导委员会对人才培养质量进行监控。二是与麦可思数据有限公司合作,对专业人才培养质量进行评价,评价结果作为专业人才培养质量改进的重要依据。三是建立毕业生跟踪调查动态机制,对毕业生进行五年以上的跟踪,通过毕业生岗位工作实践反馈,调整教育教学内容和培养方式。

三、"校·园"一体化幼儿园教师培养培训模式建构的基本步骤

一般高职院校鉴于自身实践与应用型人才培养的教育取向与特点,都会有自己的实训基地。除了校内建设的实训、实践基地外,更多地也会寻求与外部企业的合作。高职院校的学前教育专业往往也都有固定的幼儿园作为其学前教育师范生的实践基地。而学前教育机构,尤其是对幼儿园来说,为了自身专业人才的持续供给,为了教育质量的提高,也会积极寻求或乐于接受与职业院校的联合。在"校·园"一体化的幼儿园教师培养培训体系构建过程中,合作的高职院校与幼儿园双方有可能之前就是联合关系,彼此相对"熟悉",也可能是基于发展需要"刚刚接触",彼此相对"陌生"。但无论是哪一种关系,也不可能在实现"校·园"一体化幼儿园教师培养培训模式的构建中一蹴而就。"校·园"一体化的培养培训模式是要求"校"和"园"之间实现非常深度的合作与融合,因此,建构一体化的建构过程需要一步一步、有计划地循序渐进地进行。

卡根(Kagan)提出的大学教育学院和中小学校之间合作的六阶段,

这六个阶段具体是指：

第一，形成阶段。在这个阶段，来自高校和中小学实践的人员开始意识到教学实践中出现的问题，并通过合作这一途径来对这些问题进行回应。那些与问题直接相关或者受到直接影响的人们被吸收到合作中来，开始讨论一些理论。

第二，概念化阶段。该阶段的特征是界定合作的任务和具体目标。在合作团体中，各位成员们界定自身在解决实践问题中所承担的任务和担负的角色、责任。

第三，发展阶段。在这个阶段，合作的任务不再只停留在理论层面，而开始向实践层面转向。团体成员开始进行活动的调整，改组行政管理组织，提供政府政策参考，建立正式的传播系统等。

第四，实施阶段。实施阶段是实现合作、达成合作目标的关键阶段。在这个阶段，团体内所有成员都为了目标的实现而努力。

第五，评价阶段。这一阶段包括对合作进程的评估。在贯彻的各个阶段和各个水平上都要进行评估，最后进行综合。

第六，结束或者改进阶段。这个阶段是对前面五个阶段的总结，团体成员要回顾整个过程，找出问题和不足，然后着手改进计划的制定，进入改进阶段。[①]

需要注意的是，卡根提出的这六个阶段并不是线性的、戛然而止的，而是一个循环往复、更好地提升教育教学质量的螺旋式上升过程。

本研究在进行"校·园"一体化幼儿园教师培养培训模式构建的过程中，借鉴上述相关理论，摸索出了循序渐进、按梯度上升的三个阶段：找问题，共选项目；寻契机，共同进步；互融合，共谋发展。

第一阶段：找问题，共选项目。

这一阶段是处在一体化模式构建的初始阶段。可以说，由于合作基础薄弱，可以从小问题入手进行项目的遴选与确定。根据"校·园"一体化幼儿园教师培养培训体系的特点，高职院校可以追踪调查进入幼儿园工作的毕业生的后续职业适应；幼儿园可以总结发现教师入职后的职业发展情况。通过追踪"校"毕业生在"园"工作情况，发现问题，共选项目。

[①] 教育部师范教育司教师专业化的理论与实践(修订版)[M].北京：人民教育出版社，2003：348.

　　拓展阅读：能歌善舞、妙手丹青敌不过"怎样才能教会幼儿"的彷徨无措

　　新入职教师访谈资料：

　　我是美术特长生。当时进入这所幼儿园面试时，美术的成绩最好，那天的绘画和手工作品都给园长留下了深刻的印象。我当时就下定决心，好好发挥我的特长，争取走上工作岗位后依然依靠这个特长在这个藏龙卧虎的幼儿园里找到自己的一席之地。可是，真正工作之后，却发现我虽然有良好的美术功底，却好像没有用武之地。我创设的班级环境，在评比时被这样点评：美则美矣，但不适合班级幼儿的发展。在美术教育活动中，我也找不到适合3—6岁幼儿的美术"良方"。这让我十分苦恼，感觉自己越来越没有自信了。

　　我是音乐特长生，能歌善舞的我在刚进入工作岗位后就参加了幼儿园庆教师节的演出。我非常认真排练，取得了演出的成功，幼儿园领导向我投来了赏识的目光。可以说，我的特长给我的职业生涯开了一个漂亮的彩头。但随之而来的就不那么让人欣喜了。每天为了组织纪律，我说了太多的话，我都不想弹琴唱歌了。还有，我唱得虽然好，但是孩子们总是在跟我唱过一两次后，就聊天、走神，不再跟唱了。我的这个特长在入职的这一年中，似乎并没有让我们班级的孩子们受益，而是在类似教师演出、弹唱比赛中让我脱颖而出。但这不是我苦练琴技、歌技和舞技的最终目的，到底怎样才能让孩子们有所收获呢？

　　从上面的案例可以看出，幼儿园教师们有时纵有一身本领，却缺乏实践教学的技能、方法和能力。高职院校的专任教师们可以据此反思自身的课堂教学，高职院校学前教育专业可以据此调整自己的课程体系。可以说，怎样提升师范生的实践应用能力既是高职院校非常关心的问题，同时也是幼儿园教师队伍建设层面亟待解决的问题。幼儿园的领导们也非常希望这些师范生在入职后能尽快适应，尽快提升，尽快解决这些遇到的问题。幼儿园的在职培训层面，可以根据这种情况进行有针对性的培训。因此，通过追踪"校"毕业生在"园"工作情况，发现问题，是项目选择的一条重要和有效途径。既然双方都发现了共同的问题，也有共同的目标，那么在职前和职后同时入手改善，联合起来寻求一体化的解决方式，势必会事半功倍。

第二阶段,寻契机,共同进步。

在有了第一阶段通过问题转化成项目合作的基础上,"校"和"园"双方寻找合适的契机,继续更加深入地合作与融合,共同进步。

拓展阅读:从实际情况出发找准合作契机

在与园长深入交流的过程中笔者了解到,目前幼儿园处在"不太稳定"的状态,不太希望继续合作了。原来这所幼儿园开办已经五年,起点高并且发展快速。建园之初,这所幼儿园因其较为优厚的工资待遇吸引了大批优秀的幼儿园教师就职,这些学前教育界的精英们也给幼儿园做出了一定的贡献和成绩。在这短短的五年时间里,这所幼儿园就被评为省示范级幼儿园,还被评选为全国园长培训基地,多次接待来自全国的园长、骨干教师的参观学习。随着幼儿园名气越来越大,教师们的工作强度与压力也越来越大。可是,工资待遇没有改变,反而随着物价的上涨而呈现出了"降薪"的效果。因此,经历了一个暑假后,队伍中有十余名骨干教师离职。随之而来的是新入职的毕业生。幼儿园领导们表示,感觉自己一下子像回到"解放前",辛辛苦苦培养了五年的教师队伍随着这些骨干教师的离职而又重新回到原点。所以,园长表示,尽快把这些新老师"带上道"是目前幼儿园所有工作的重中之重。只有这些老师尽快适应了,幼儿园的工作和发展才能重新步入正轨。

从上述案例中可以看出,幼儿园教师队伍存在的一个大问题就是人才严重流失。而放弃幼儿园教师这一职业的根本原因在于职业认同度不高。怎样进行"校"和"园"一体化的幼儿园教师职业认同培养培训,正是这个案例中事件给予的提示。通过"校·园"一体化的培养培训,加强加固幼儿园教师对自身职业的职业认同度,才能有效防止幼儿园教师队伍人才的流失。比如,在高职院校学前教育专业的师范生们入学之初,就请幼儿园一线教师进驻学校,分享做一名幼儿园教师的职业幸福,提升师范生们对这个职业的兴趣和认同。还可以请园长进驻课堂,分享"我的团队需要什么样的幼儿园教师",帮助师范生们建立职业学习和规划的意识,强化指导师范生的学习与成才目标规划。这样可以让这些学前教育的师范生们、未来幼儿园的准教师们,有强烈的意愿、幸福的憧憬和合理的规划去成长为一名优秀的幼儿园教师。从幼儿园的层面来说,针对这一问题,可以请高职院校的教师们帮助分析在职教师的职业倦怠情况,指导一线教师合理、有效应对自身的工作压力。

第三阶段,互融合,共谋发展。

在上述两个阶段完成后,高职院校和幼儿园之间的文化冲突趋于和谐与融合。在此基础上,可以通过共建双导师制等方式实现更加深入的互相融合,共谋发展。

双导师制并不是一个新鲜的事物,而是由来已久。"校·园"一体化幼儿园教师培养培训模式实行的双导师制既符合一般意义上双导师制的做法,同时也具备自身的特点。也就是说,在一体化培养培训模式中,以"校"这一方的理论专家为理论学习导师,以"园"这一方的骨干教师为实践教学导师。就职前培养来说,每一位学前教育的师范生都配有理论和实践导师各一人。就职后培训来说,每一个幼儿园在职教师团队(或以幼儿园为单位的教师团队、或是某个教研组、或是某个教师工作室)都配有专家指导团队和业务引领团队。

理论导师更多的是在专业知识、专业理论和专业规划方面对师范生或在职幼儿园教师进行指导;实践导师更多的是帮助师范生或在职幼儿园教师解决实践教育教学中遇到的问题,通过教学示范等方式,切实提高实践能力。高职院校方面,专任教师除课堂教学任务外,要担任一定数量师范生和幼儿园一线教师的职业指导教师。幼儿园方面,选拔有经验的骨干担任实习导师,对进入班级见习、实习的师范生们进行一对一或者一对二的实践指导,指导内容包括幼儿一日活动的组织等专业的方方面面。

这种双导师制将专任教师的理论优势和一线骨干幼儿园教师的实践优势有机融合,实现优势互补,共同促进师范生和幼儿园一线教师专业素养的提升。高职院校的学前教育师范生们从入学开始就选择一名专任教师作为职业指导导师,选择一名幼儿园骨干教师建立师徒关系,均对自己进行个性化的指导。幼儿园的一线教师在选择一名幼儿园骨干教师为自己的"师父",进行师徒结对的同时,也可以选择高职院校的一名教师作为自己的专业发展教师,对自己的职业发展进行跟进指导。在"校·园"一体化的幼儿园教师培养培训体系中,这种双导师制有其自身的特点和创新之处:高职院校的导师在师范生毕业后会继续追踪指导,幼儿园的实践导师不会等到实习,在师范生入学之初便会提前渗透。

在"校·园"一体化幼儿园教师培养培训体系中,学前教育师范生的毕业并不意味着高职院校对他们培养工作的结束,而是一个新的起点,是他们职业发展支持的开端。在学前教育专业认证标准中,有着非常重要但又容易被忽视的一项内容就是"持续支持"。这一点要求高职院校学前教育专业对"毕业生进行跟踪指导服务,了解毕业生专业发展需求,为毕业生提供持续学习的机会和平台"。

四、"校·园"一体化幼儿园教师培养培训模式建构的经验做法

"校"和"园"在一体化的过程中需要相互配合,才能做到深入融合。在"校·园"一体化幼儿园教师培养培训模式实践探索的过程中,"校"和"园"的双方都在彼此配合、彼此融入的过程中总结出了一些有效的经验做法。从"校"和"园"各自的层面入手,具体的经验做法如下。

(一)来自高职院校的管理与教学经验

1. 突出实践取向,强化实践育人

(1)实践教学贯穿学前师范生培养的全过程

首先通过实践教学贯穿师范生在校学习全过程的方式突出实践育人取向。以实习教学为例,学前教育专业学生实践教学包括职业认知实习、岗位认知实习和顶岗实习三个环节。职业认知实习主要在校内实训基地和校属实验幼儿园(校中园)进行;岗位认知实习主要在学校建立在幼儿园中的教学基地("园中校")进行。学生从入学到毕业,每学期都安排两周以上的实习实训内容。

(2)校内实训仿真化、职场化

学前教育专业校内实训基地具有较高的职场情境和职场氛围,由学校与幼儿园共同编制校内实训教学方案,共同开发一系列仿真性、真实性的岗位任务训练项目,让学生在完成实训任务过程中掌握幼儿教师职业技能。

(3)引导学生积极参加社会实践

"校·园"双方共同设计学生社会实践内容,让学生利用每个寒暑假去参加社会实践活动。通过社区服务、职场调查等社会实践活动,培

养学生的职业意识、职业态度和职业精神。

2. 深化培养方式改革,推行任务驱动项目导向课程

（1）培养方式改革制度化

制定《学前教育专业课程教学模式改革意见》,以课程教学模式改革为突破口,推动人才培养方式改革。

（2）大力推行任务驱动、项目导向课程改革

将相关课程的学习内容分解、设计为一系列与实训相结合的任务,以任务驱动来达成学习的良好效果,实现项目导向的课程改革。比如《儿童文学应用与实践课程》,将学习内容设计为一系列儿童教育情景剧任务,每周布置一次实训任务,在下一次教学活动前,在教师指导下,由学生通过小组学习、自主学习方式完成任务,培养学生独立解决问题的能力。

（3）精心设计学生技能竞赛活动

"校·园"紧密合作,开发学前教育专业学生语言技能达标竞赛、声乐技能达标竞赛、舞蹈技能达标竞赛、钢琴技能达标竞赛、美术技能达标竞赛等技能竞赛项目,学生通过竞赛提高说、唱、跳、画等专业技能。

3. 加强项目管理、经费管理

高职院校高度重视"校·园"一体化幼儿园教师培养培训项目的建设与管理,为保证项目能够按照专业建设发展方案执行,采取了以下三方面举措:

（1）健全项目建设组织机构

学校成立了由校长任组长的"高等职业学校提升专业服务产业发展能力"项目和"'校·园'一体化幼儿园教师培养培训"项目建设领导小组,成立了由主管校长督办、相应职能部门组成的项目建设管理督查组和项目资金使用管理组。

（2）建立配套规章制度

学校制订并出台了项目建设相关的管理办法,对从落实任务分解、组织实施到过程监控及项目验收的全过程进行规范管理。实行项目责任人负责制,学校相关管理职能部门进行过程监控和进度跟踪,对项目建设如期按进度完成起到了监督和控制作用。

（3）规范资金管理

学校制订并出台了"项目专项资金使用暂行规定"，对项目建设资金的使用从开支范围到报销程序、从项目招标到合同管理等均进行了规范管理。

（二）来自幼儿园的管理与培训经验

来自幼儿园层面的主要经验是充分利用和高职院校合作后的专业引领，让幼儿园教师培训在许多方面都更有高度、更加规范化。

1. 给予有专业引领的"纵向式"同伴互助

20 世纪末，国外学者们在检验、反思一系列校内、校外的培训效果时，通过研究发现，并非是在资金充足的保证下，通过培训者不断完善和改进培训内容，再通过教师的认真参与和学习，这些培训就会起到相应的改进教师教育教学行为、改善和提升教育效果的作用。例如，美国的一项实验研究的结果就出乎人们的意料：教师在接受培训后，能将学习到的新知识转化到自身教育教学实践中的比例不足 20%。这项研究继续将参与一个为期三个月的在职培训课程的教师分成两组。第一组教师不只是参加培训课程，而且会被引领着在校内进行同伴间的互助指导。第二组则只是进行了课程的学习。将两组教师进行比较研究后发现，在日常教育教学中能有效运用课程中学到的技能方面，第一组教师的比例达到了 75%，远远高于第二组教师的 15%。此外，还有相当一部分的研究也证实了类似的结论。例如，同事间的互助指导要比单元式的工作坊效果明显。再比如，教师间的互助观摩和指导能够促进教师的专业发展等。因此，在"校·园"一体化幼儿园教师培养培训项目的进程中要对教师给予有专业引领的"纵向式"同伴互助。

2. 联合进行案例教学，最大化发挥其作用

众所周知，教师培养和培训中的一个难点就是理论和实践的脱节。因此，教育实习十分重要。除实习外，案例教学是有效连接理论和实践的桥梁。

案例教学法由来已久。早在古希腊、古罗马时代，著名哲学家、教育家苏格拉底所采用的"问答法"就是一种案例教学的雏形。而苏格拉底的学生，同样为希腊著名哲学家的柏拉图将这些问答整理为书中的

例子,这些例子就可以看做是案例的雏形。

案例教学有许多的优势。例如,案例教学克服了传统的、单一的知识讲授的弊端,能够帮助教师理解案例中蕴含的教育知识和原理。也正因为此,案例教学法反映的学习观是反对只满足于理论知识灌输的被动式学习,而突出实践能力本位。案例教学法的主要目的在于让学习者能够运用自身所学的教育理论知识去解决实际教育教学过程中遇到的问题。

在幼儿园教师的培养培训中,案例教学法是经常被采用的教学方法之一。但在真正的幼儿园教师培养培训中,案例教学的优势并未发挥到极致。从幼儿园教师培养的职前教育来说,采用案例教学法的过程中,教师自身缺乏对案例"身临其境"的体验,却要让学前教育的师范生们根据传递的这种"想象中的体验"去"想象和获得自身的体验",而这会让案例的效果大打折扣。

从幼儿园教师培训的职后教育来说,采用案例教学法的过程中,虽然体验是鲜活的、丰富的,但教师们往往只是就着案例说案例,结果依然停留在案例的本身,没有理论上的高度,致使案例的效果就像听说了一个引起自身共鸣的故事一样,也使案例的效果大打折扣。也就是说,案例教学法同时需要理论的提升和行动的跟进才能取得较为理想的效果。但在"校·园"一体化幼儿园教师培养培训模式中,通过高职院校理论型教师和幼儿园层面经验丰富的骨干教师的结合,可以使得案例教学既有实践层面深层次的体验,又可以从案例中收获一定的理论。因此,在"校·园"一体化幼儿园教师培养培训模式中,要充分利用案例教学法,并通过合理的人员配置、有效的资源利用、适宜的共同体建构来使得案例教学法的作用得到最大化发挥。

第七章 "校·园"一体化培养培训模式构建的案例探析

第一节 人才培养一体化,共升教育实习的质量和效果

实习是"校"和"园"之间进行深层互动的一个阶段,是由师范生到新教师的一个关键转化阶段。因此,进行"校·园"一体化幼儿园教师实习工作效率提升项目是十分有价值的,是一体化人才培养的重要组成部分。这里的幼儿园教师不仅指幼儿园的准教师们,也就是高职院校学前教育专业即将开展实习工作的实习教师们,还包括参与指导的幼儿园一线教师们。

那么这个项目为何重要? 有何价值呢?

一、"校·园"一体化幼儿园教师实习工作效率提升项目发起背景及原因

(一)背景分析

1. 教师教育的实践取向

"自20世纪80年代起,人们就意识到,教师职业的专业性最终体

现在其专业实践之中,脱离实践的做法只会使教师教育的路越走越窄。只有经过高质量的教育实践洗礼的师范生,才可能在教育教学工作的价值观和方法上表现出专业性,才可能在高深的教育理论和日常教学间建立联系。具备实践性知识和教学实践能力已经成为教师专业素质中极其重要的一部分。可以说,'回归实践'已经成为国际教师教育的潮流。"① 有学者指出,现代大学教师培养的重要环节就在于师范生的教育教学实践。② 而对于学前教育专业的师范生们来说,在实习阶段,他们可以增强实践性知识,逐步形成职业品性、职业情感、职业态度。因此,这一阶段是他们作为准幼儿园教师入职的重要和必备阶段,是教师教育中至关重要的环节。

2. 教师教育实习的"交互自省型"发展取向

在历经了几十年的教师教育改革后,教师的教育实习应从"行为主义"理念下的"示范模仿型实习模式"转向"认知心理学"理念下的"交互自省型实习模式"。在这种模式中,实习教师和实习指导教师之间由被动关系转向交互关系,在这种关系中教师通过自身的反思来实现专业成长。③ 在美国形成、发展并趋向成熟的这种实习模式不仅对法国、加拿大等发达国家的教师教育和教育实习产生了较大的影响,也给"校·园"一体化幼儿园教师培养培训模式的构建带来一定的启示。

(二)原因分析

构建"校·园"一体化幼儿园教师实习工作效率提升项目,除了上述背景中体现出的教师教育实习的重要性和理念转变的背景之外,还包括以下几点现实原因。

1. 教师实习工作趋于"表面化、走过场"

学前教育专业师范生的实习阶段本就是"校·园"一体化进行幼

---

① 骆玎,谢萍,管凌云,张翠红.实习教师专业成长指南[M].北京:清华大学出版社,2017:2–3.

② 朱旭东.教师教育标准体系的建立:未来教师教育的方向[J].教育研究,2010,06:30–36.

③ [美]卡罗尔·蒂明斯基著;姜珊珊,齐晓恬,李锋译.学前教育实习指导迈向成功[M].北京:机械工业出版社,2015:6.

儿园教师培养培训的实质阶段。但在实际的教育实习过程中,实习教师们由于"非生非师、亦生亦师、半生半师"的尴尬角色定位,由于教育实习在课程设置中仍然处于较为"弱势"的地位,导致在教育实践中,高职院校的教师和学前教育专业的师范生们对目前幼儿园的现状无所适从,来自幼儿园的指导教师和学前教育专业的师范生们关系也呈现出机械化、模式化的特点。教育实习阶段本应是高职院校和幼儿园之间深度交流的重要阶段,但两者之间的合作呈现出一种表面化、走过场的状态。

2. 实习工作随意性大,缺乏正规化和系统化

拓展阅读:一位实习教师的实习总结

在一位学前教育专业师范生完成其为期一个月的教育实习环节后,在自己的教育实习总结中这样写道:

实习之前,我非常期待,也特别激动。实习就意味着我马上就会走上工作岗位了。实习意味着我要走进真正的幼儿园,面对真实的幼儿了。我心里除了激动,还很忐忑不安。之前,是对着空气或者对着自己的同班同学和老师唱歌、讲故事等,现在要开始面对小朋友讲了,也不知道小朋友们会不会喜欢听我讲故事,会不会喜欢我。总之,我平时刻苦训练的这些技能,终于要有用武之地了。我认为我已经充分准备好了。当我被分到一家特别大、特别有名气的幼儿园实习时,我更加激动并且充满期待。但是当我走进幼儿园之后,我还是有些茫然、无所适从。幼儿园挺大的,当我的班级实习指导老师让我到某某班去借东西的时候,我竟然在幼儿园里迷路了。在熟悉幼儿园的地理环境上我就花费了一定的工夫。再然后,我的实习指导老师总是突然给我机会。比如她会突然说:"好了,小朋友们,我们快要吃午饭了,现在都安静地休息一会吧。"幼儿并没有真正安静,而是坐在座位上窃窃私语。于是,我的班级实习指导老师又说:"要不然,我们请新来的芳芳老师给大家讲个故事吧。"天哪,这个机会我是多么渴求啊,但是真的是来得太突然了。那一会儿,我的脑袋都是空白的。我应该讲什么故事呢? 怎么之前练习过的那些儿童故事一个也想不起来了呢? 好不容易,我对幼儿园熟悉一点了,对班级的老师熟悉一点了,对幼儿们熟悉一点了,我也已经完全适应实习生活的时候,实习生活却结束了,给我一种戛然而止的突兀感。总之,我的教育实习是有遗憾的。如果再给我一次这样的机会

该有多好,我肯定比这一次做得要好,比这次的收获要大。

根据上面的案例,我们首先能够了解到,师范生对实习过程和实习效果是充满期待的。并且,师范生会主观上认为自己对实习有所准备,但由于实际经验的欠缺,实际上准备并不充分。

美国的一项有关教师教育实习的调查研究指出:"大部分学生在参加实习课或教学实习活动时的心情都是紧张与激动参半,这很正常。这能帮助你(指实习生)意识到并非只有你总是在热情、激动、崩溃和焦虑之间摇摆不停。你可能会心慌意乱、夜寐不安、食欲不振,甚至这些感觉交互出现。每个人在开始一项结果难料的新体验时,复杂的心情总会如影随形。尽管如此,在开始之前,还是有一些方法可以帮助你缓解不安情绪,进而提高成功的机会。总的来说,教学实习课对于每个参与者来说都将是一次获益匪浅的积极体验。"①

根据上面的案例可以分析出,目前,幼儿园教师实习工作的随机、随意性仍然很大,缺乏正规性和系统性。所以,幼儿园教师的实习工作应该逐步正规化、系统化,以满足实习教师的需求,让他们对这个职业建立更加良好的认知和认同。

3. 实习工作的指导性有待加强

前面已经提到,"校·园"一体化幼儿园教师实习工作效率提升项目中的幼儿园教师不仅指幼儿园的准教师们,还包括参与指导的幼儿园一线教师们。也就是说,对于实习工作的指导,不仅是针对学前教育师范生们和即将踏入工作岗位的准幼儿园教师们,还要对参与实习指导的幼儿园一线的教师们进行"怎样对实习教师进行实习指导"方面的指导和培训。对一线实习指导教师的指导培训,对于他们自身的专业成长是十分有益的,是职后培训的一项重要内容。下面,针对这两个点将分开论述。

对学前教育师范生的实习指导应该从准备开始实习阶段开始,一直持续到实习的最后阶段。指导的内容包括这个过程中的方方面面。就拿实习之前的培训和指导来说,如果不对学前教育专业的师范生进

---

① [美]卡罗尔·蒂明斯基著;姜珊珊,齐晓恬,李锋译.学前教育实习指导迈向成功[M].北京:机械工业出版社,2015:3.

行实习前的培训和指导,当师范生真正进入实习场域的幼儿园后,会出现角色定位模糊、实习目标不清晰、实习任务不明确、实习效果不明显等问题。就会"往往一片茫然、毫无准备地进入教育真实情境中。不少师范生会因此提出'我究竟是谁?''我该做什么?''我能做什么?''我怎么去做'的疑问",[①] 因此,在实习前就应该进行有针对性的培训和指导,并且这个指导过程应该一直持续到实习结束之后。

要提升教师教育实习的质量,不仅要对师范生这个准教师群体进行指导,还要对参与实习的幼儿园一线教师进行指导和培训,帮助他们掌握如何对实习教师进行有效的实习指导。从上面的案例《一位实习教师的实习总结》同样可以看出:幼儿园一线教师对实习教师的指导存在着很大的随机性。他们也需要相关的指导和培训,亟待提升自身的实习指导水平。

总的来说,在幼儿园教师教育实习的过程中,涉及的主要人员都应该各自明确自己的职责、分工和具体任务等,尤其是实习教师和幼儿园里的实习指导老师。在"校·园"一体化幼儿园教师培养培训模式中,高职院校的学前教育专业应该和实践基地幼儿园联手,制定、编写《实习教师工作与发展指南》《实习指导教师工作细则》等,并由各自的主管单位纳入各自的考核评价体系之中。

(三)价值追求

1. 以实习教师能力的提升促进高职院校的人才培养质量

"校·园"一体化幼儿园教师实习工作效率提升项目的一个核心价值追求就是提升实习教师的教育实践知识和实践能力。实践方面作为学前教育专业师范生素质的一个重要方面,它的提升无疑会大大提高师范生们的整体素质,使得师范生们在走上工作岗位后更容易获得工作单位的肯定及其他利益相关共同体的认可,从而也就提升了高职院校的人才培养质量。

---

① 骆琤,谢萍,管凌云,张翠红.实习教师专业成长指南[M].北京:清华大学出版社,2017:2-3.

2. 以幼儿园实习指导教师能力的提升促进幼儿园的发展

"校·园"一体化幼儿园教师实习工作效率提升项目中受益的另外一方就是来自幼儿园一线的实习指导教师们。指导实习教师的过程，会促进幼儿园实习指导教师们积极反思、总结自身的经验，有助于他们将自身隐性的教育经验性知识向显性的教育理论性知识转变。幼儿园实习指导教师作为幼儿园教师队伍的中坚力量，这样一种经验的升华和能力的提升会直接推动幼儿园的发展。

3. 以幼儿园教师教育实习工作长效机制的建立保障实习工作的高效开展

"校·园"一体化幼儿园教师实习工作效率提升项目的探索和实施无疑是开发了一种高职院校和实践基地之间的幼儿园教师教育实习的长效机制，这种长效机制的建立会从根本上保障实习工作的高效开展。

二、"校·园"一体化幼儿园教师实习工作效率提升项目机制构建

（一）"校·园"一体化幼儿园教师实习工作效率提升项目共同体构建

"校·园"一体化幼儿园教师实习工作效率提升项目的实施首先是将相关人员联系起来，建立专业的学习和实践共同体。在幼儿园教师教育实习的过程中有以下几种重要的角色，需要在各自明确自身的职责基础上，积极沟通、紧密合作。

（1）实习教师：处在实习阶段的学前教育专业的师范生。实习教师多数时候也会被称为实习生。

（2）幼儿园指导教师：有时会简称为指导教师或"师父"，是对实习教师进行工作示范、指导的幼儿园一线教师。

（3）学院指导教师：是指对实习教师进行督导、管理、评价的高职院校的老师，有时候也被称为实习带队教师。

（4）幼儿园业务层面对接领导或负责人：主要负责根据高职院校的实习工作要求，在与学院指导教师（实习带队教师）沟通、协商的基础上，将具体工作事项对接到幼儿园层面的业务工作中。

（二）"校·园"一体化幼儿园教师实习工作效率提升项目工作机制构建

在"校·园"一体化幼儿园教师实习工作效率提升项目中，当专业的共同体组建成功后，要根据项目的价值追求设计总体方案并分步骤实施。针对这个具体项目，具体的做法是高职院校学前教育专业和实践基地联合设计《实习教师工作手册》和《幼儿园实习指导教师工作手册》，并把幼儿园教师教育实习工作中各自的职责、总体目标和分步骤的执行计划等融入其中。

1."校·园"一体化幼儿园教师实习工作效率提升项目总体工作机制规划

"校·园"一体化幼儿园教师实习工作效率提升项目工作机制总体规划如下所示：

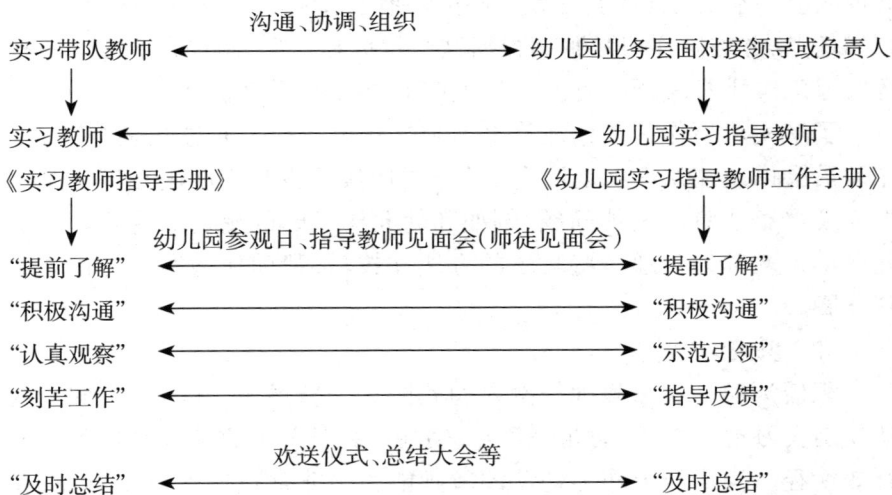

```
实习带队教师 ←——沟通、协调、组织——→ 幼儿园业务层面对接领导或负责人
     ↓                                    ↓
实习教师 ←——————————————————————→ 幼儿园实习指导教师
《实习教师指导手册》                  《幼儿园实习指导教师工作手册》
     ↓        幼儿园参观日、指导教师见面会（师徒见面会）
"提前了解" ←——————————————————→ "提前了解"
"积极沟通" ←——————————————————→ "积极沟通"
"认真观察" ←——————————————————→ "示范引领"
"刻苦工作" ←——————————————————→ "指导反馈"

"及时总结" ←——欢送仪式、总结大会等——→ "及时总结"
```

图 7-1 "校·园"一体化幼儿园教师实习工作机制

2.实习教师指导工作机制构建——《实习教师指导手册》

在"校·园"一体化幼儿园教师实习工作效率提升项目中，对于实习教师的指导相关内容融入《实习教师指导手册》和《幼儿园实习指导教师工作手册》中。

《实习教师指导手册》包括："提前了解""积极沟通""认真观察""刻苦工作""及时总结"五大项内容。

（1）提前了解

了解将要实习的幼儿园——通过高职院校和实践基地的协作，开展"幼儿园参观日"活动，让学前教育的实习教师们提前熟悉要去实习的场所。在此基础上，鼓励各位实习生们通过网络搜索、求助"中间人"（曾经在这所幼儿园实习过的学长、学姐或已经毕业就在此幼儿园任职的校友等）打听等方式主动了解所要实习的幼儿园的相关信息，以便于自己更好地开展实习工作。

了解将要指导自己的幼儿园实习指导教师——通过高职院校和实践基地协作，开展"幼儿园指导教师见面会"等活动，帮助实习教师们提前认识自己的幼儿园指导教师。在此基础上，鼓励实习教师和自己的幼儿园指导教师通过互留联系方式等途径来积极沟通。

了解实习工作的具体目标、内容和任务——通过开展"实习工作任务说明会"等方式帮助实习教师们更好地了解实习工作的具体目标、内容和任务，并鼓励实习教师们根据这些目标和任务，制定自身详细的教育实习工作计划，做到"有准备"的实习，才能有所收获。

了解实习工作的其他注意事项和方法技巧——通过开展"实习工作动员会议及注意事项说明会"等方式向实习教师们明确在实习过程中需要严肃注意的其他问题，例如和幼儿沟通时的伦理问题等。并借此向实习教师们传递一些具体的方法和技巧，帮助他们实习工作的顺利开展。

（2）积极沟通

积极沟通是实习教师们融入幼儿园这个新场域，并与新场域中的幼儿园实习指导教师、幼儿园领导、幼儿和家长等人物建立良好关系的有效途径。沟通能力作为幼儿园教师能力中非常重要的一个方面，在《幼儿园教师专业标准（试行）》等文件中也被反复强调。因此，实习教师们可以通过思考：怎样和幼儿园指导教师沟通？怎样和幼儿园管理部门人员沟通？怎样和幼儿沟通？怎样和自己的实习带队教师积极沟通等问题，并在实践中践行，这样也非常有利于幼儿园准教师们提升沟通这项基本技能。

拓展阅读:《实习教师指导手册——技能技巧》(节选)

请以谦逊、诚实的态度主动、积极沟通。

实习工作的过程中,你会和许多人打交道。这些人包括你的实习带队教师、你的幼儿园实习指导教师、你所在班级的孩子和家长们、你所在幼儿园的管理人员等。而这些人中,除了你的实习带队教师外,相当一大部分都是"陌生人"。如果你在这个过程中因为陌生而选择内敛、被动的沟通方式,那么实习的效果可能就会大打折扣。沟通能力可是幼儿园教师一项重要能力。你也许会说,我还没有毕业,还没有实习,不具备很强的沟通技巧。放心,没有人要求你必须在实习前或实习后就拥有完美的沟通技巧。但是,你应该保有谦逊的态度、诚实的品性,在实习工作过程中充满活力、主动沟通、积极应变,并对所有的幼儿保持时刻、持续温暖的关注,以向别人展示你是一位有爱心的、有发展潜力的、对这个职业充满热爱的幼儿园教师。

(3)认真观察

幼儿园这个实习场域中分分秒秒发生的事情都有助于实习教师们实践知识的获得和实践能力的提升。因此,实习教师们要对这个场域中的一切事物积极观察,并把握住以下观察重点:观察幼儿园一日活动各个流程的开展;观察幼儿园实习指导教师的示范教学等示范引领活动和行为;观察幼儿园教师如何与幼儿沟通、如何与家长沟通等。

(4)刻苦工作

完成幼儿园实习指导教师布置的工作任务并积极寻求反馈和指导意见;完成实习工作阶段规定的组织五大领域集中教育活动等既定任务,并积极寻求多方面(实习带队教师、幼儿园实习指导教师、幼儿园业务领导和负责人等)的反馈意见。

(5)及时总结

通过高职院校和实践基地幼儿园共同开展"欢送仪式""总结大会"等形式的总结仪式和工作会议,帮助实习教师在这个过程中回顾整个实习过程,梳理自己的收获,思考下一步自身需要努力的方向。

3. 幼儿园实习指导教师工作机制构建——《幼儿园实习指导教师工作手册》

拓展阅读：对一位幼儿园实习指导教师关于自己在实习指导工作中的岗位认知、任务认知的访谈记录

问：担任实习生们在幼儿园的实习指导教师对您来说是额外的负担吗？

教师：不会啊，我还挺喜欢带（指导）实习生的。我没觉得有什么负担，也就是他们实习结束的时候作为指导教师，需要给他们写一份实习鉴定或评价之类的材料，然后交上去就行了。不仅不是负担，相反，如果运气好，遇到的这个实习生在环境创设或者讲故事等方面有特长，还特别机灵、聪明，他还能帮我们班级分担不少的工作。

问：那您如果遇到一个可能在能力方面不是那么强，也没有那么聪明和机灵的实习生会怎么办呢？

教师：这个时候就不能靠他自己的悟性了。我们一般的做法就是给他安排任务的时候尽量说得清晰、明确，让他顺利完成任务。

问：您好像特别在意的是对于实习生的"使用"问题，我可以这么说吗？

教师：确实是这样的，幼儿园的工作特别繁琐，好不容易配了个实习生进班级，就尽可能地让他帮着忙活忙活。再说了，实习不就是来体验幼儿园班级里的各项工作的吗。

问：那您对实习生们会有在业务方面或者说实践知识和能力方面的指导吗？

教师：也会的。比如，在他进行班级主题板创设的时候，我会根据他的进展指导他要考虑到幼儿的年龄特点，等等。就是见缝插针式的，看到什么了，就当场给他个反馈，指导他一下。毕竟，也不能让人白忙活，得让实习生们在做的过程中有所收获不是。

教师教育实习的效果还有一个关键的点就是幼儿园的实习指导教师。从上述案例可以分析出，目前幼儿园的实习教师们对于实习教师的指导还存在着职责不明确、任务不清晰等问题。因此，在"校·园"一体化幼儿园教师实习工作效率提升项目中，为了解决这一问题，高职院校和幼儿园相关人员组建的专业团队也制定了《幼儿园实习指导教师工作手册》。

相对应《实习教师指导手册》的五大项内容，《幼儿园实习指导教师工作手册》包括："提前了解""积极沟通""示范引领""指导反馈""及时总结"五大项内容。

（1）提前了解

了解自己将要指导的实习教师——在"幼儿园指导教师见面会"等活动中，不仅帮助实习教师们提前认识自己的幼儿园指导教师，同时幼儿园的实习指导教师也借此机会提前认识和熟悉自己接下来将要指导的实习教师。幼儿园实习指导教师作为指导者，对于双方互留联系方式等其他沟通途径的建立应该更加积极和主动。

了解实习指导工作的具体目标、内容和任务——在"实习工作任务说明会"上，实习教师们更好地了解实习工作的具体目标、内容和任务，并据此制定自身详细的教育实习指导工作计划。相对应的，幼儿园的实习指导教师在业务层面领导组织的相关说明会议中也要明确自己的实习指导岗位职责，明确实习指导工作的具体目标、内容和任务，并不简简单单就是传统意义上认为的安排实习教师帮助班级做做环境创设等工作，双方都做到"有准备"，才能互惠互利，彼此有较大的收获。

了解实习工作的其他注意事项和方法技巧——通过开展"实习指导工作动员会议及注意事项说明会"等方式，向幼儿园的实习指导教师们明确在指导过程中需要严肃注意的其他问题。

（2）积极沟通

积极沟通不仅是实习教师们融入幼儿园这个新场域，并与新场域中的幼儿园实习指导教师、幼儿园领导、幼儿和家长等人物建立良好关系的有效途径，积极沟通还是幼儿园指导教师有效完成指导的一个关键。通过沟通，幼儿园指导教师能够了解到自己需要指导的这位实习教师目前的能力和水平，及其自身的想法、需求等。这样有利于双方协商，共同制定一个实习的总体计划。

同时，沟通能力在《幼儿园教师专业标准（试行）》等文件中被反复强调。沟通能力是幼儿园教师能力中非常重要的一个方面，实习指导教师们要在日常的工作中展示自己积极沟通的一面：和幼儿的积极沟通、和幼儿家长的积极沟通、和同事之间的积极沟通、和领导之间的积极沟通等。当然，最重要的是和实习教师之间的积极沟通，让实习教师们感知沟通的重要性。这样也非常有利于幼儿园准教师们提升沟通这项基本技能。

（3）示范引领

既然要求实习教师们通过在幼儿园这个实习场域中认真观察分分秒秒发生的事情，以提升实践知识的获得和实践能力，因此，幼儿园实习指导教师们就要进行示范引领。这种示范和引领同样要把握住"幼儿园一日活动各个流程的开展，幼儿集中教育教学和游戏等活动的组织"等，同时还要注意，对实习教师的这种专业引领要有计划性并体现专业水准。

（4）指导反馈

幼儿园实习指导教师要对实习教师的各项工作进行积极的反馈和指导。最好的做法是首先明晰实习教师们在实习工作阶段规定的相关任务，例如组织五大领域集中教育活动等。然后针对这些任务对实习教师进行指导，并在其完成后反馈并再次指导，形成一个实践知识和能力提升的螺旋式循环上升系统。

（5）及时总结

幼儿园实习指导教师和实习教师们一样需要及时地反思与总结。通过高职院校和实践基地幼儿园共同开展"欢送仪式""总结大会"等形式的总结仪式和工作会议，幼儿园实习指导教师首先要对自身的实习指导工作进行认真梳理、反思与总结，还要引导实习教师回顾整个实习过程，帮助实习教师梳理自己的收获。

（三）"校·园"一体化幼儿园教师实习工作效率提升项目工作总结

在"校·园"一体化幼儿园教师实习工作效率提升项目的实施中，通过对实习过程的准确把握，给予了实习教师所需要的指导，让实习阶段实习生的学习不再只是无意识地观察学习和潜在地体验学习，而是转变为系统地观察学习和反思性地建构意义。这从很大程度上提升了实习的效率。

第二节 以赛促教一体化,共研大赛促教机制

一、"校·园"一体化以大赛促培养培训背景分析

大赛是高等职业院校学前教育专业和幼儿园都会面临的事物。虽然是不同层面的比赛,却有着相同的目的,即提升幼儿园教师的专业技能、专业素养等。也就是说,无论对于高职院校还是幼儿园,大赛都不是最终追求,而是要以大赛的形式促进培养培训的改善,正所谓以赛促教。

(一)高等职业院校职业技能大赛

全国职业技能大赛是贯彻落实党中央、国务院大力发展职业教育方针的重要举措。《国务院关于印发国家职业教育改革实施方案的通知》(国发〔2019〕4号)指出:"制定中国技能大赛、全国职业院校技能大赛、世界技能大赛获奖选手等免试入学政策,探索长学制培养高端技术技能人才。"[1] 可以说,职业技能大赛是职业教育的一项重大制度设计和创新,也成为培养选拔技能型人才的一个重要平台。[2] 全国学前教育专业教育技能大赛是教育部主办的一项全国性高职院校学前教育专业学生专业技能竞赛活动,2017年首次列入全国职业技能大赛,至今已举办3届。[3] 大赛搭建了高职院校间相互交流和学习的平台,检验了参赛院校专业人才培养质量,促进了各校教育教学改革步伐,引领了学前教育专业建设改革方向。

2017到2019年全国学前教育专业教育技能大赛赛项内容和分值结构不断调整,竞赛内容逐年增加,竞赛方式也由"提前确定"变为"现场抽签"方式(详见表7-1),大赛的备赛难度相应增加。

---

① 国务院.国务院关于大力发展职业教育的决定[EB/OL].[2019-01-24].http://www.moe.gov.cn/s78/A07/s8347/moe_732/tnull_816.html.

② 何福贵,张梅.职业技能竞赛促进教学改革的研究[J].北京劳动保障职业学院学报,2010,04(03):37-40.

③ 银杰.基于学前教育专业教育技能大赛的幼儿教师核心素养培养[J].课程教育研究,2018(10):11-12.

表 7-1　2017—2019 年国赛赛项设置及分值

年度	竞赛环节		项目分值		选手产生方式
2017	A 选手	幼儿园教育活动设计	35	60	提前确定
		幼儿故事讲述	10		
		幼儿歌曲弹唱与歌表演	15		
	B 选手	幼儿园保教活动课件制作	10	40	
		幼儿园保教活动分析与幼儿教师职业素养测评	30		
2018	A 选手	幼儿园教育活动设计	35	55	提前确定
		幼儿故事讲述	5		
		歌曲弹唱与歌表演	15		
	B 选手	幼儿园保教活动课件制作	10	45	
		主题简笔画	5		
		幼儿园保教活动分析与幼儿教师职业素养测评	30		
2019	A 选手	幼儿故事讲述	5	25	现场抽签
		幼儿歌曲弹唱与歌表演	15		
		主题简笔画	5		
	B 选手	幼儿园保教活动课件制作	10	40	
		幼儿园保教活动分析	15		
		幼儿教师职业素养测评	15		
	C 选手	幼儿园教育活动设计	15	35	
		说课	20		

（二）幼儿园教师专业技能大赛

为深入贯彻《3—6 岁儿童学习与发展指南》《幼儿园教育指导纲要》精神,依据《幼儿园教师专业标准(试行)》文件精神和相关规定,以“幼儿园教师的各项基本功”为主线,在幼儿园层面同样会面临许多区级、市级、省级乃至国家级的大赛,诸如幼儿园教师技能大赛、幼儿园教师基本功大赛等。以赛促训,旨在提高幼儿园教师队伍的专业技能。这些比赛一般都包含以下流程。

1. 发布比赛通知

在比赛前由大赛的主办方发布相关的比赛通知和要求。例如为了督促幼儿园一线教师多读书,多读好书,并学会从书中汲取营养,最终落实到自身的教育实践中,市级教育局组织开展读书演讲比赛活动。再如,为提升幼儿园教师对幼儿游戏的观察与指导能力而举行的"教师观察与指导能力大赛"活动。

拓展阅读:

第四届"读百家经典 做幸福教师"推荐书目及征集优秀读后感活动的通知

各幼儿园:

市教育局举办的"读百家经典 做幸福教师"读书活动开展三届以来,得到广大幼儿园教师的积极响应和参与。第四届"读百家经典 做幸福教师"推荐书目及优秀读后感征集的工作请各单位按照本通知要求组织落实。

推荐的书目经过市教科所统一筛选,最终确定了本年度推荐的40本书(见附件1),并予以发布。

根据读书活动方案的实施步骤,即日起围绕推荐的40本书进行优秀读后感征集活动。现将有关事宜通知如下:

(1)征集日期:××××年××月××日至××××年××月××日;

(2)征集对象:各幼儿园管理者和教职员工;

(3)征集内容:本年度推荐的40本书的读后感;

(4)字数:1500—3000字;

(5)上传要求:略。

2. 逐层竞赛

当比赛通知下发以后,是从幼儿园层面逐级竞赛选拔,直至参加主办单位级别的比赛。例如,2018年辽宁省举办幼儿园教师的观察与指导能力大赛。通知由省级部门发出后再由市级部门转给区级教育局,最终通知下发到辽宁省的各个幼儿园。然后,各个幼儿园根据上级部门的比赛精神,练就扎实的教育教学基本功,本着"公平、公正、公开"

的原则,坚持"合作、务实、创新、争效"的园风建设思路,并结合每个幼儿园教育工作实际及教师队伍状况,力争通过比赛活动,提升教师的群体素质,加快教师队伍的规范化、专业化、特色化建设,就率先在幼儿园层面制定、开展观察与指导能力大赛。

拓展阅读:

区级部门向幼儿园层面下达的比赛通知

根据《辽宁省幼儿园教师专业技能暨观察与指导能力大赛方案》及《2018 年大连市学前研训工作计划》安排,拟定在全市各级各类幼儿园中开展幼儿园教师专业技能暨观察与指导能力大赛。大赛以"关注幼儿,珍视游戏,聚焦发展"为核心,以提高教师观察与指导能力、提升幼儿园一日活动质量为目标,以赛促改,挖掘典型,总结经验,引领教师专业发展,助力《指南》全面推进。

现将相关比赛的要求和评选标准转发如下:

略。

3. 公布结果

在幼儿园教师大赛结束后,一般会由主办单位,例如市、区教育局或市、区教师进修学校,简单总结大赛的情况,最重要的是公布大赛的结果。

拓展阅读:

公布"××××年幼儿园青年教师(3—5 年教龄)教育活动展评"获奖名单的通知

发布时间:××××-××-××

各幼儿园:

区××××年幼儿园青年教师(3—5 年教龄)教育活动展评工作已经结束。活动依据方案成立工作组和评审组,根据学科特点制定评价标准和评比程序,规范组织实施。本次展评分为教育局办园和非教育局办园两个批次,共有 52 所幼儿园的 103 名青年教师参与展评,71名教师获奖,其中一等奖 18 名,二等奖 25 名,三等奖 28 名。现将获奖教师名单公布如下,证书择日发放。

4.获奖活动观摩

大赛评选结果的出炉一般并不是本次大赛活动的终结。为了让所有的幼儿园教师们在大赛中都能有所收获,一般会就评选出的优秀活动、优秀作品或自制玩教具等组织观摩、学习活动。

拓展阅读:

关于第五届全国"绿色课堂杯"幼儿园优质活动观摩展示活动的通知

发布时间:20××-××-××

各幼儿园:

×月××—××日,区教育局、教师进修学校承办,"第五届全国'绿色课堂杯'幼儿园优质观摩展示活动"前期各单位已报名。现将有关事宜通知如下:

一、报到:略

二、就坐:略

三、观摩:

××、××日(周六、日)活动均为全天8:30—18:00,时间较长,请珍惜机会,克服困难坚持学习。上午8:20前、下午1:50前务必就坐。

二、"校·园"一体化以大赛促培养培训方案的制定

在此以职业院校学前教育全国职业技能大赛为例,探讨"校·园"一体化的以大赛促培养方案的制定。

(一)指导思想

全面落实立德树人根本任务,在备赛全过程注重培养学生对中国特色社会主义的思想认同、政治认同、理论认同和情感认同;引导学生热爱学前教育事业,认同幼儿教师职业,树立正确的儿童观、教育观和教师观,要立志成为"四有"好老师。在各项教育技能训练中都紧密围绕幼儿教师必须具备的"师德规范""教育情怀""职业认同"等方面展开。依据《幼儿园教师专业标准(试行)》《幼儿园教育指导纲要(试行)》《3—6岁儿童学习与发展指南》等国家政策文件,要求学生能根据幼儿

身心发展规律和学习特点,将保教知识和保教能力切实运用于幼儿园的教育教学实践当中。

(二)工作举措

1. 集体智慧遴选指导,完善备赛路径

完善"广泛遴选—集体研究—校园协作"备赛工作路径。在选手遴选方面,加大对大赛的宣传力度,通过积极宣讲、引导,参加校内竞赛遴选的人数逐年增加。

2. 组建大赛指导教师团队,优化资源配置

在指导教师团队合作方面,采取项目负责人遴选、项目负责人组建团队、项目负责人全程负责等方式,在赛项备赛全过程中充分发挥集体智慧,通过集体学习、集体研究、集体指导等方式,提升备赛的效率性和针对性。同时,在"校·园"双主体人才培养模式引领下,积极发挥区域幼儿园教育资源,组成"校·园"联合指导团队,集体研究、共同制定指导方案,提升参赛选手的保教能力和职业认知。

3. "校·园"双场地情境互动,强化实践取向

在"校·园"一体化以大赛培养培训师资的过程中强调遵循"实践取向"理念。在备赛全过程注重培养学生的教育实践能力,依据《幼儿园教师专业标准(试行)》《幼儿园教育指导纲要(试行)》《3—6岁儿童学习与发展指南》等国家政策文件,要求学生能根据幼儿身心发展规律和学习特点,将保教知识和保教能力切实运用于幼儿园的教育教学实践当中。在"说课"环节,将长期积累形成的深厚专业知识与幼儿园教学实践紧密结合,在先进的幼儿教育理念和科学儿童观、教育观引领下,展示学生的教育教学技能水平。在"儿童故事讲述""幼儿歌曲弹唱和歌表演"等项目的练习过程中,参赛选手不仅要在校内向老师、同学们展示,还要去到幼儿园与幼儿进行互动。例如,参赛选手进入幼儿园班级,给幼儿讲故事,在真实的教育情境中提升实践能力。在此过程中幼儿园骨干教师指导参赛选手,实现"校·园"联合共同指导的目标。

另外,强化"赛教融合"。教师全员参与学习与研究大赛规程,将大赛赛项设置的内容融入专业课程教学,以大赛促进专业建设、引领课程改革。例如,"幼儿歌曲弹唱和歌表演"项目对选手"唱"能力要求较高,结合这一特点,在钢琴和舞蹈课的日常教学中就增加了对"表演唱"和"弹唱"内容的学习及考核;"幼儿园保教活动课件制作"项目除了对课件的技巧有要求,还对教学设计的逻辑性、童趣性有一定要求,在现代教育技术应用课程中,教师就融入了更适用于幼儿园的教学内容;"幼儿园教育活动设计"项目会考察选手主题网络图设计、教案设计和说课的综合能力,结合这一要求,幼儿教师教学技能实训课程就围绕着这三项综合能力展开。

拓展阅读:"校·园"一体化大赛培养培训成效分析

2017至2021年,某校学前教育专业学生参加职业院校技能大赛(高职组)"学前教育专业教育技能"赛项竞赛,获得国家级团体奖一等奖2项、三等奖1项,省级团体一等奖6项、二等奖4项。(详见表7-2)

表7-2　2017—2021年某校学前教育专业学生参加省级以上技能竞赛获奖情况

年度	级别	一等奖(项)	二等奖(项)	三等奖(项)
2017	省级		2	
2018	省级	1	1	
2018	国家级	1		
2019	省级	2		
2019	国家级	1		
2020	省级	1	1	
2020	国家级			1
2021	省级	2		

该校学前教育专业在"以赛促教"常态化的探索与实践中,人才培养质量在不断提高,取得了一系列成果。

1. 专业教学质量高水平发展

以技能大赛为引领,该校学前教育专业教育教学改革取得实效,切实提高了专业人才培养质量。一方面,学生通过参赛提升各方面能力,在就业时受到用人单位的"争抢",该校参加国赛的3名毕业生均进入区域内领军的五星级幼儿园工作。工作后,均表现出突出的岗位适应能力,专业成长迅速,受到用人单位的高度好评。另一方面,能够快速适应教师资格证考试相关政策——该校学前教育专业2016级学生幼儿园教师资格证考试通过率为98.9%,在同类院校中位居前列。

2. 师资团队获得专业成长

参加大赛以来,学前教育专业共有4位教师在全国职业院校技能大赛学前教育专业教育技能比赛中获得"优秀指导教师奖"。团队教师通过深入研究竞赛方案、反思研究课程与专业的支撑定位、进一步了解课程间的内容边界以及相关专业领域内涵,提升了专业理念,拓宽了专业视野,教师团队总体专业水平得到大幅提升。

3. 专业影响力得到提升

通过技能大赛平台,该校学前教育专业影响力也得到提升。国赛优秀指导教师受邀担任了各级职业院校技能大赛学前教育专业赛项的评委、受邀参加大赛组委会举办的交流活动并介绍经验。国赛指导教师团队受邀到其他职业院校介绍该校大赛指导经验。

总体来说,参赛选手经历了技能大赛备赛阶段的磨炼和比赛阶段的检验,意志品质、职业素养、专业知识、保教能力等都得到全面提升。在落实"以赛促教"常态化机制的过程中,还要对这部分同学就业后的职业发展进行追踪,开展相关的研究,研究成果将进一步促进专业教育教学改革和技能大赛工作。此外,还应进一步加强技能大赛校内组织实施工作的细致程度,将大赛与日常教学进一步融合,使专业高质量发展。

第三节　教科研一体化,共铸教师专业发展"内驱力"

一、项目背景

约翰·杜威曾说:"人生最重要的态度就是保持对学习的渴求。"在"校·园"一体化幼儿园教师培养培训体系的价值追求与目标设定中已经论述到,幼儿园教师自身学习和发展能力是国家与社会积极倡导的,是《幼儿园教师专业标准(试行)》所规定的,同时也是幼儿园教师个人适应快速的社会发展、实现个人专业化进程中所必需的内在追求。

教育研究能力是支撑教师个体进行自我发展的一项重要能力。教育研究已经成为幼儿园教师专业发展的有效途径。无论是教育部在相关卓越教师培养的政策文件中,还是《幼儿园教师专业标准(试行)》的相关规定中,都提出要加强幼儿园教师的研究能力,加强他们运用科研解决教育实践中所遇到的问题的能力。"从 Stenhouse 提出教师成为研究者,到 Elliot 倡导教师成为行动研究者,再到 Kemmis 主张教师成为解放性行动研究者,再到 2006 年 Whitehead 和 McNiff 创建生活理论行动研究,这都充分反映了教师专业发展的自主取向。这意味着教师发展的本质指向教师的自我发展。教师必须拥有一种'扩展的专业特性',即经过系统的自我研究,通过在实践中对有关理论的检验实现专业的自我发展。"[①]

但在对高职院校学前教育专业的师范生转化为新教师后的跟踪观察、访谈中出现了一些问题,这些问题是确定"校·园"一体化幼儿园教师培养培训具体项目的重要来源。其中一个重要的问题就是:对于高职院校学前教育专业的毕业生来说,当他们走上工作岗位,接触到幼儿园的科研工作时,发现科研工作对于他们来说就是"一个遥远的存在""一块难啃的硬骨头"。

拓展阅读:教师科研体验访谈资料

问:进入工作岗位后,您觉得有哪些方面是职前学习中完全没有接触,让您难以适应的?

答:科研工作。感觉之前的专业学习和训练中,对于科研工作的接触不多。但是实际走入工作岗位后,发现现在对教师的科研工作还是挺重视的。在我所在的幼儿园,每个学期每个班级都要进行班级的一项专题研究。然后,幼儿园主管科研的领导还会定期组织教师们报名区里的、市里的教师个人的或者集体的课题。虽然领导们鼓励我们积极参加,但是我有点不知道从哪里下手。这个科研工作和课题研究给我的感觉就是上级重视,硬着头皮要参加。

问:毕业的时候不都经历过论文的写作吗,为什么到幼儿园之后科

---

① 姚文峰.生活理论行动视域下的教师专业发展 [M]. 北京:科学出版社,2018:1.

研工作让您觉得如此困扰？可以具体说说工作中的哪些方面让您觉得特别有难度？

答：就是特别细致。就拿上次我写的那个区级课题的个人申报表来说吧，从问题提出到研究目标、方法、内容，每一项好像都有评分标准，考核得特别细致，但我对这些东西不是很清楚。虽然最后勉强通过，但是在全园举行的课题开题会上，与会的专家和老师给我提了很多很多的问题和建议，这真的是让我"吃不消"啊。

二、情况分析

（一）来自高职院校的困扰

从以上的案例中我们不难发现，高职院校的人才培养特点相较于其他高校，更倾向于以职业技能为主。没有办法像高等院校那般开设许多类似教育研究方法、教育论文写作等提升教育研究能力的专业课程。高职院校因其实践应用型人才培养的取向，学前教育专业的毕业生们并没有毕业课题的设计、毕业论文写作及答辩的要求，而是在实习指导教师的指导和监督下，完成一份个人的毕业设计。正所谓鱼和熊掌不可兼得，在职业技能和理论研究方面总要有所侧重和取舍。高职院校的专业教师们有着一定的科研底蕴、充分的科研理论知识储备和实际的课题研究经验，但由于课程安排的取舍而浪费了这样一种资源。

（二）来自幼儿园的问题

对幼儿园部分的分析可以发现，幼儿园教师的课题研究越来越受到重视。不仅是应然取向上的、理论层面和上级领导部门的重视，幼儿园教师个人也逐渐开始重视科研工作。

拓展阅读：评职风波

今年的评职工作开启后，园里的老师们都非常积极、主动地了解相关政策文件精神，并根据政策和文件的要求分析自己是否符合条件。

"我工作年限够了，但是没有那些要求的评优材料。"A 教师说道。

"这几年区里一年也就搞一次公开课评比、玩教具评比之类的活动，咱们园这么多优秀的老师，哪里排得上咱们呀。"B 教师回应道。

"对啊,更别说是市里的大赛了,一个园摊到一个参赛的名额就不错了。"A 教师说。

"你们听说了吗,婷婷老师的资质,人事部门说今年就可以参评。"C 教师也加入了对话。

"她为什么可以啊? 她不是和我们一样,也没有公开课之类的评优和获奖材料吗?"B 教师疑惑地问。

"听说她是参加了园长主持的一项市级集体课题,课题结题了还有证书,证书上有她的名字。说是这个也相当于一种评优材料,好用。"C 教师解释说。

在类似这样的评职事件后,教师们依然在私下里议论纷纷,有的老师找到了人事负责人询问。这是幼儿园教师们追求向上的标志。为了让大家明晰评职的相关条件和要求,人事部门在跟上级部门反复确定相关政策后,结合本次幼儿园评职的相关经验,面向所有教师召开了一次评职说明会。会上着重强调了除公开课、玩教具评比等"传统项目"获市级及以上奖励外,目前来看,市级及以上课题研究、高质量论文发表都可以作为和公开课、玩教具评比评优平行的条件。会后,幼儿园教师结合自身的条件,对比说明会上公开说明的政策文件要求,又展开了热烈的讨论。

"公开课和玩教具评比评优的名额太少,但是听说,一个市级的集体课题可以带上十个左右的参与者。"

"看来这条路还是可行的、有希望的,因为名额多啊。那怎么才能加入课题组中去呢?"

"找课题主持人吧,如果是园长,还真有点不敢去。"

"对啊,不过听说咱们的主任也要申报市级的集体课题了。"

"她好商量,咱们一起去找她吧。"

于是,幼儿园的主任在一天内收到了十余份加入课题的申请,有些让人哭笑不得。

从上述的案例中可以看出,幼儿园教师在外部动机的牵引下,开始想要尝试做课题研究,却不得其法。可能有人会质疑,外部动机导致的行为能够坚持多久呢? 虽然有这样的疑惑,但我们不能以此为理由忽视幼儿园教师科研的需要,应该充分利用"校·园"一体化幼儿园教师培养培训模式,指导教师在科研的过程中,体会教育科学研究的意义和其对自身成长、专业化的促进,从而从外部动机牵引逐步发展到内部动机催发。于是"幼儿园教师科研能力提升"被确定为"校·园"一体化培养培训模式的项目之一。

拓展阅读:对幼儿园科研主管领导的访谈记录

问:幼儿园教师层面的科研工作开展得怎么样?

答:其实是很有难度的。幼儿园大方向的科研课题落实到教师层面后往往就"流产"了,最后还是主要依靠课题小组的力量来完成幼儿园的集体课题。而教师自身的课题,参与的积极性很高,但进展都不是很好。

问:幼儿园教师层面的科研任务重吗?

答:如果幼儿园的一线教师暂时不参与,那么他们是没有科研方面的任务的。但是,照目前的这种发展趋势看,最起码在我们这样一所比较重视科研工作的幼儿园里,一线教师想要完全避开科研工作是不太可能的。而且,他们自己只要想发展,想提升能力,想评职,他们也都会自己主动积极要求参与到课题研究的工作中来的。

问:幼儿园教师在科研工作中主要的问题是什么?

答:主要的问题就是教师们的科研素养低,科研水平和能力都不够。就拿最基础的每个学期必须完成的班级专题研究工作来说,他们既不知道为什么做这个,也不知道怎么做这个。就是从以前做过这个的骨干教师那里要一份模板参照着写。但问题是以前做过这个的骨干教师也不知道是为什么这么写,他也是从参加工作后跟着以前的师父学写的,就像照着一幅现成的画进行临摹的感觉那样。再说他们个人非常积极申报的区级个人课题,你给他们培训吧,他们却只管跟你要写作模板,还有不会的就上网参考。可以说,大部分教师的科研基础都是零,培训起来难度也很大。

三、"校·园"一体化科研素养培养培训方案制定

"校·园"一体化幼儿园教师科研能力提升培养培训项目主要采取了以下工作举措、经历了以下工作步骤。

（一）根据项目特点，进行"共同体"团队构建

"校·园"一体化幼儿园教师科研能力提升培养培训项目的第一步，便是组建项目共同体团队。在这个项目中，高职院校学前教育专业的相关人员包括师范生、有相当科研水平和丰富课题研究经验的专任教师。幼儿园层面的相关人员包括科研负责人（科研主任、科研专干）、承担市级或区级课题研究任务的骨干教师、需要完成班级专题研究的教师。团队中还应该包括幼儿园园长和高职院校相关负责人或领导等。

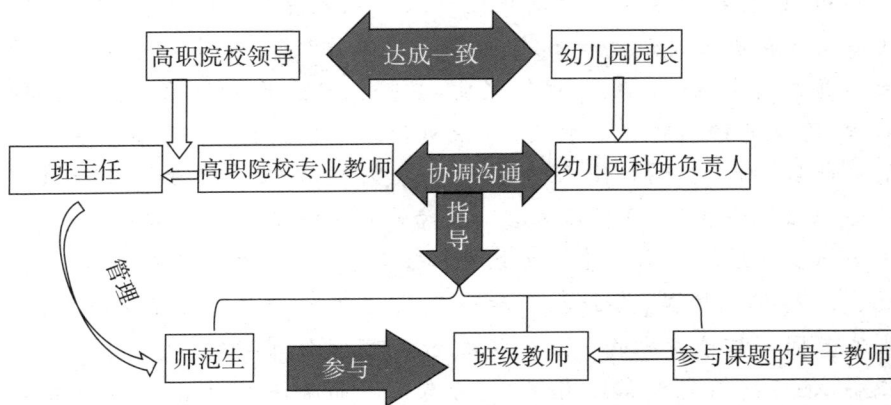

图7-2　"共同体"团队构建

（二）一体化课程体系构建

在组建共同体团队后，由团队中的主要角色共同制定"校·园"一体化幼儿园教师科研课程体系。

课程的目标主要是认识什么是教育科研；实习教育科研的完整流程；形成并提升以教育研究解决实践中遇到的教育教学问题的科研素养。

课程的内容主要包括毕业论文前期指导；毕业课题研究实施；毕业论文写作指导；教师个人课题的申报；班级专题研究计划的制定及实施。

课程既面向师范生，也面向幼儿园的一线教师，所以在课程实施方面，主要是共同体内角色之间通过互动共同创造与发展的课程体系。

课程评价主要是针对师范生和幼儿园教师科研素养发展状况。由于幼儿园一线教师们大多缺乏课题研究方面的知识和素养，因此他们

和师范生一样"零基础",所以这些课程目标、内容等方面的设定同时适用于一线教师和师范生两个主体。

拓展阅读：一位新幼儿园教师的职业认知自述

我是非常喜欢小孩子的，我觉得他们很可爱，所以，我选择了学前教育这个专业。进入职业院校的学前教育专业后，学习生活整体还算不错。我更喜欢唱歌、跳舞、弹琴这些技能类的课，不太喜欢枯燥的专业理论课。不过还好，凭借着良好的记忆力我顺利达到考试合格。实习开始，让我终于等来了去幼儿园体验幼儿教师职业的机会。那个时候每天跟在班级老师的后面，跟他们一起陪伴孩子，觉得做一名幼儿园教师真是太幸福了。每天进入教室，孩子们就像看到偶像般高兴地望着你，总喜欢围着你转来转去，喜欢听你给他们讲故事，喜欢你陪着他们一起玩。他们还总说："老师，你好漂亮啊，我长大了要和你结婚。"这些稚嫩的语言、天真的笑容让我庆幸自己真的是选对了职业。后来，我如愿以偿进入一家大型公办幼儿园工作，同学们都对我美慕不已，但让我没有想到的是，真正入职后我竟然几近崩溃地要放弃这个职业。当家长因为孩子身上的一点小伤吹毛求疵、不依不饶时，当孩子们调皮捣蛋、任你怎么发火都没有用时，当自己要面临课题申报、活动观摩等许多新任务时，当每天累得瘫倒在床上时……焦头烂额、筋疲力尽让我想要逃离。

（三）一体化科研项目实施

在"校·园"一体化幼儿园教师培养培训模式中，高职院校和幼儿园之间在科研方面的合作与以往高校和中小学、幼儿园的传统合作之间有本质的区别。在传统的合作中，研究的主体或者主要力量是来自高校的研究者，而中小学和幼儿园充当的只是研究对象的角色。也就是说，来自高校的研究者一般只把中小学和幼儿园当做是研究的一个基地，或实验的一个地点。研究的内容也是高校的研究者制定的。但在"校·园"一体化幼儿园教师培养培训模式中，研究的内容不是由来自高校的研究者制定，而是来源于幼儿园的实际教育工作中遇到的问题。经过高职院校研究者的指导，最终形成研究问题。幼儿园的领导和教师等也充分地参与到课题的研究中去，并且是以一种和高职院校研究者平等的地位参与。最终，研究的结果也进一步用来指导幼儿园的教育教学实践。在这个过程中,幼儿园教师自身成为发现问题、通过研究找寻解决办法并在自身的实践中进行检验的行动研究者。并且,通过这个过程的循环往复,幼儿园教师会成为越来越专业的研究者。

幼儿园教师职业地位的提高和教师专业化的实现,最主要是要依靠教师自身的力量。科研素养的提升,一方面能够让幼儿园教师在实践中反思与提升,另一方面,教师的教育教学研究成果质量的提升能够充实学前教育的实践类专业成果,也能够使教师与高校或其他学术研究机构保持"平等"学术交流、互相学习的关系,从而让幼儿园教师成为建构学前教育专业知识的专业人员之一。以上这两个方面都会直接或间接提升幼儿园教师的社会地位,促进幼儿园教师教育教学的专业化。

第四节　培养培训课程一体化,共补教师知识与能力的缺失

一、项目背景

由幼儿园教师教育改革中的"专业化"和"一体化"趋向可以看出,只通过职前教育并不可能就造就出各方面都非常优秀、堪称完美的幼儿园教师,职前教育既不是幼儿园教师教育的终点,也不会是幼儿园教师专业化的终点。因此,当走上工作岗位后,幼儿园教师们还会在实践工作中发现自身有这样那样的不足,有各方面知识和能力的缺失,需要不断通过学习去改进和完善。这个时候幼儿园教师们需要专业团队的支持和帮助。因此,"校·园"一体化幼儿园教师培养培训模式的构建中就包括培养培训课程的一体化,共补幼儿园教师知识和能力的缺失。

二、情况分析

(一)教育学专业系统知识的缺失

在幼儿园的教师队伍里,有这样一种教师,他们或由其他学段的教师转岗而来,或者并非师范院校毕业,没有接受过系统的教育学专业知

识,没有接受过教师教育系统的职前培养,但他们有从事幼儿园教师工作的意愿,并通过自己的努力通过了幼儿教师资格证的考试。在这部分教师走上工作岗位之初,是最为困惑、迷茫的时候,亟需补齐"落下的功课"。

拓展阅读:"我想要尽快跟上节奏"　——来自考核倒数第一的小西老师

"我想要尽快跟上节奏。"当小西老师再次在她所在的幼儿园教师团队考核中倒数第一时,她对业务领导表达着自己追求进步的决心。

小西老师并非学前教育专业毕业的。她毕业于一所美术学院,由于自己在美术方面的特长,曾就职于社会力量办学的艺术培训中心,担任美术教师。在这期间,小西对当老师产生了兴趣,产生了希望拥有一份更加稳定的教师工作的愿望,她选择自学,并通过自己努力通过了幼儿园教师资格证的考试。可是,当她真正走上工作岗位后,才发现,成为一名合格的幼儿园教师远比通过教师资格证考试复杂得多。

"跟我的同事们相比,我有很多地方都需要从头学起。"

2002年,在全国教师资格认证工作中,开始允许并支持杰出人才进入教师行列,特别是允许各高校非师范毕业生通过考试取得教师资格后,进入教师队伍。这个举措的实施,是国家在教师教育方面真正做到了正规培养和国家认证相结合的方式,使得教师队伍来源的多元化成为现实。

小西老师的案例就是现实中真实的一例。目前,幼儿园教师队伍由于在数量上的短缺,充斥着大量的非学前师范毕业的"多元化"人才。例如,社会上在职和非在职人员自己通过幼儿园教师资格证考试,或者有些地区对其他各级各类学校的教师实施转岗到幼儿园教师队伍。怎样补充他们在专业知识和能力方面的缺失正是"校·园"一体化幼儿园教师知识和能力补充项目的实施目标。

对于怎样填补非师范专业毕业取得幼儿园教师资格证书进入教师队伍后,在相关知识和能力方面缺失的问题,可以借鉴在欧美和日本较为流行的一种比较开放的教师教育模式。这种模式的典型做法就是让学生先进行四年的学科知识和文化基础知识学习,在完成了这些基础学习后,再到教育学院进行一年或一年以上的研究生层次的教育教学专业训练。其实这种情况和上面提到的非师范专业幼儿园教师的情况一致，这些教师大多是已经完成了自己基础的大学学习，只是没有经历系统的教育学方面的学习。因此，可以在工作后发现问题需要补充和提升时，回归到当地的高职院校进行补充式系统学习。

（二）观察与指导能力的缺失

在《培养新时代大国良师——普通高等学校师范类专业认证工作指南（试行）》之《学前教育专业认证标准》中规定：各学前师范专业培养目标的确定要"能够反映师范生毕业 5 年左右在社会和专业领域的发展预期，体现专业特色，并能够为师范生、教师教学管理人员及其他利益相关方面所理解和认同"。也就是说，为了满足这一认证标准，高职院校的学前教育专业要最少有 5 年的前瞻性和预见性。在这个飞速发展的社会，这一点无疑来说是有难度的。但是若没有这个"前瞻"和"预见"，有可能今年刚入学的学前师范生们，在经过了高职院校学前教育专业 4—5 年的培养后，努力打造却发现已经适应不了当下社会的发展和幼儿园的需求。这无疑是一种可悲的现象，尤其在学前教育体系中，在各所幼儿园中，由于没有固定的课程模式、教学内容和教材，只有国家颁布的《幼儿园工作纲要》《3—6 岁儿童学习与发展指南》相关纲领性文件作为精神与理念指引、基础要求，各省市、各地区、各幼儿园都在根据自己的实际情况开发园本课程，涌现了大量的新颖成果，吸引全国的幼教人士前去参观学习，然后将好的经验运用到自己的幼儿园里。

安吉游戏便是一个典型的案例。安吉游戏是浙江省安吉县在全国范围内开展的幼儿园游戏课程的简称。安吉游戏吸引了全国大批的学者和幼教工作者前去参观学习。目前安吉游戏也已经在世界范围内享有盛誉。教育部目前已有明确文件指出，安吉游戏符合中国学前教育改革的方向和要求，要在全国范围内推广安吉游戏。学前教育领域内这些"新"的成果已经在幼儿园的教育实践中要求推广，那么"安吉游戏"如何在高职院校人才培养方案的课程中体现呢？

全国的优秀经验还完全没有吸纳过来的时候，国外的最新研究、最先进教育理论和教育做法也没有停止传输的步伐。近几年，来自新西兰的学习故事就是其中最典型的例子。在学习故事最为热门的时候，曾经从行政手段上干预、规定所有幼儿园、所有幼儿园教师要把学习故事作为观察与指导的惯常手段而必须进行的项目、必须撰写的文本、必须要交的"作业"。为了顺利完成任务,政府部门先是组织幼儿园业务层面领导和负责人进行专题培训,由他们把学习故事的相关理念、精神和具体做法带回各自的幼儿园里,通过二级培训的方式传递给所在幼儿园的教师们。后来,根据教师们的强烈需求,针对幼儿园教师们在实际操作和应用过程中的困惑、难点,又开展了许多面向一线教师的专门培训。再到后来的项目阶段经验梳理、学习、阶段总结大会等,也均是面向幼儿园的在职教师们。但这并不在当时高职院校学前教育专业的培养计划范围之内,高职院校学前教育专业的师范生们不具备接触这些"新生事物"的有利条件。当他们毕业走出校门,走进幼儿园后,这些"新生事物"却丝毫不会避开他们。学习故事的撰写也成为他们必须完成的任务,而这种"新鲜"和"陌生"无疑会延长新入职幼儿园教师的适应期。

虽然后来学习故事的热度有所下降,不再是一种行政上的硬性规定。大家开始反思"拿来主义"在"直接拿来"过程中的水土不服,但学习故事的精髓还是被吸收和接纳了过来。随着安吉游戏的课程开始在全国范围内推广,幼儿园层面开始普遍重视对幼儿游戏活动的观察记录与支持引导。辽宁省在 2018 年启动了幼儿园教师观察与指导技能大赛,开始从园到区再到市、省,层层竞赛,层层选拔。虽然最后由于种种原因,省级的比赛并没有如期进行,但无疑这场比赛预示着对幼儿的观察与指导能力和弹、唱、讲、画、跳一样已经成为幼儿园教师一项非常重要的、甚至是更加重要的基本技能。然而,对高职院校来说,由于时间的短暂,对幼儿的观察与指导的相关课程为空白状态或者是较为薄弱的状态,无法和弹、唱、讲、画、跳这些基本功课程同日而语。为了打破这种被动的局面,高职院校学前教育专业与幼儿园深度合作,让在校师范生也尽可能参与这些新兴项目的学习和实践中是非常明智的选择。"校·园"一体化幼儿园教师观察与指导能力提升培养培训项目自此应运而生。

对幼儿的观察和记录是以往的高等师范教育中一项比较"年轻"的课程内容。可以说,在幼儿园教师各种职前培养机构中,在给予师范生有关幼儿发展的知识中就普遍比较缺乏观察幼儿的方法和相关知识。在《幼儿园工作规程》中的"教师职责"要求和《幼儿园教师专业标准(试行)》中都规定了,观察和记录幼儿是教师的重要基本功和专业能力,也是教师的重要工作职责之一。但在实践中,如何观察和记录幼儿的行为并给予有针对性的、幼儿真正需要的支持和引导成为教师们的一大难题。

许多教师们严重缺乏观察与记录方面的知识,但又不得不完成强迫性的观察与记录的任务,于是只能埋头写,多写,以完成这让人难以承受的硬性任务。虽然完成了任务,教师们却不知道自己为什么要写幼儿的观察记录,不知道自己究竟看到了什么,由观察到的又得出了什么结论,接下来要如何运用自己的观察记录给予幼儿相应的支持。

鉴于此,高职院校已经开始在课程中增加相应的内容,但总体来看,此项内容相较于其他课程内容在教材、师资等方面都显得薄弱。幼儿园开始重视此项工作,但就像前文提到的那样,对教师的观察记录硬性任务规定多,有效指导欠缺。

三、"校·园"一体化幼儿园教师观察指导能力培养培训项目实践

要完善幼儿园教师在观察指导方面的知识结构,需要高职院校和幼儿园的共同努力。于是,"校·园"一体化幼儿园教师观察指导能力培养培训项目应运而生。

(一)根据项目特点,成立共同体

在这个项目中,高职院校学前教育专业主要抓住师范生实习的机会,补上"观察与指导"的课程缺口,这样同时也提升了师范生实习的目标和任务意识。幼儿园主要涉及的人员是业务园长、班级教师。业务园长主要是负责观察与指导方面的业务培训,并给予教师在实际完成的过程中的指导与评价。班级教师需要完成既定的观察与指导任务、提升自身观察与指导能力。

(二)构建课程体系

其实,学习故事等名词虽然听起来较为"新潮",但是幼儿园教师的观察与指导能力并不是一个新生的概念。在《幼儿园教师专业标准(试行)》中就指出:"关注幼儿日常表现","有效运用观察等多种方法,客观地、全面地了解和评价幼儿。"在教育部教师工作司对《〈幼儿园教师

专业标准（试行）〉解读》中也提出："观察是专业的幼儿园教师的基本功。观察能让教师觉察幼儿的需求、判断幼儿的发展水平、设计更适宜的发展目标和教育活动。专业的幼儿园教师应该比一般的幼儿园教师更善于观察儿童。"由此可见，对幼儿的观察与指导已经成为师范生们进入幼儿园教师队伍后的一项重要的、必须的技能。高职院校要调整自己的课程设置，加强并完善与幼儿观察指导相关的课程内容。从此观点出发，构建"校·园"一体化幼儿园教师观察与指导能力提升培养培训项目。

拓展阅读：抓住契机，共同参与，回顾过程，有所收获

在幼儿园教师观察与指导能力大赛中，高职院校其中的一所实践基地幼儿园的教师成功入选并获得较高的奖项。当时，正在此实践基地实习的高职院校的师范生们有幸观摩了比赛的全过程并在高职院校实习带队教师的主动申请下参加了幼儿园针对此次大赛的经验梳理教研会议。这个契机的出现，无疑为"校·园"一体化幼儿园教师观察与指导能力提升培养培训项目效果的提升和优化提供了绝佳的机会。因此，高职院校学前教育专业的相关负责人及时捕捉并抓住了这一契机，使得其中一小部分师范生亲身参与、共同研讨。与此同时，高职院校学前教育专业领导、老师及其他相关人员临时召开了一个小组会议，讨论如何让其他的师范生们也从这次的观察与指导能力大赛中有所收获呢？这一点与教师进修学校想要通过此次大赛提升幼儿园一线教师（不仅仅是参赛的教师们，包括区域内所有的幼儿园教师）观察与指导能力的想法不谋而合。高职院校结合教师进修学校的相关领导和负责人，协商了区级层面"幼儿园教师观察与指导能力提升经验分享——基于大赛的回馈"幼儿教师培训。高职院校以派遣相关专家针对此次大赛中获奖选手的经验进行点评为条件，让处在实习阶段的师范生们都参与、观看了幼儿园教师观察与指导经验分享，聆听了专家的点评。幼儿园教师们也都在园所的带领下参与了学习，并在高职院校的适时推动下，得以听到专业人员对具体案例的评价。可以说，无论是高职院校学前教育专业的师范生还是幼儿园一线教师都借此契机，收获颇丰。

第五节 师德养成一体化，共磨师德提升策略

一、项目背景

（一）幼儿园教师师德问题日益凸显

师德，是指幼儿园教师的职业道德，是教师在从事学前教育活动时所必须遵守的道德规范和行为准则。幼儿教育是终身教育的起始阶段，幼儿园教师也是除家长外幼儿的第一任教师，幼儿园教师的职业道德直接影响着幼儿教育的质量，对幼儿今后各个阶段与各个方面的成长和发展都会带来影响。正如我国著名教育家陶行知先生所说："在教师手里操着幼年人的生命，便操着民族和人类的灵魂。"[①] 近年来，媒体不断曝光的虐童事件，体现了严重的师德问题，也引起了人们的普遍担忧。幼儿园师德问题已经成为社会关注的焦点。从国家、政府各个层面的文件中，师德的地位不言而喻。师德的建设也正是幼儿园教师队伍建设的核心问题。

但就目前来说，在新时期，如何加强教师职业道德建设，不少学者进行了深入的研究，并提出了相应的建设路径。这些路径多集中在"外力"的制约层面。例如，有学者认为要通过"建立科学的考核评价机制、建立有效的激励机制、建立完善的监督机制"[②] 来提升教师的职业道德水平。还有学者认为要通过"构建教师职业道德教育培训的有效机制、加强教师职业道德建设中的评价监督和激励措施、创建有助于教师师德建设的和谐校园环境"[③] 来进行。檀传宝教授更是明确指出："师德建设不能只依靠教师的个人的修养和自律，为了最大限度地抑制因为个人道德失范而产生的不良社会影响，必须完善外在、具有强制性的制度约束机制。"[④]

但是，我们从师德的内涵来分析，首先职业道德包括职业的尽职度、热爱度等等。教师职业道德在《幼儿园教师专业标准（试行）》中已

① 陶行知. 陶行知全集 [M]. 成都：四川教育出版社，2007：436.
② 马慧婷. 新时期师德建设研究 [M]. 武汉：华中科技大学出版社，2014：92–98.
③ 徐廷福. 教师职业道德修养 [M]. 北京：北京师范大学出版社，2015：173–181.
④ 檀传宝. 走向新师德 [M]. 北京：北京师范大学出版社，2009：39.

经明确提出。良好的品性,高度的责任心,对孩子有爱心、耐心、细心等都属于幼儿园教师职业道德的范畴。

由此可见,教师的职业道德不能仅仅只依靠外在的制约,更多的应该是教师自身内部的唤醒。也有学者意识到了外在与内在结合的问题,例如钱焕琦教授指出"在新的历史时期,教师既要借鉴传统的道德修养方法,又要能结合新的时代特征,做到学习与实践、他律与自律、品质锻炼与仪表修饰三结合,以更好地履行教书育人的使命"[①]。

综上所述,通过有效的培养和培训来提升幼儿园教师自身的内在修养和职业道德水平已经形成共识,但具体怎样做的探讨并不丰富。

二、情况分析

(一)"新"教师比例居高不下

相较于基础教育、高等教育等阶段的大力发展,学前教育的发展相对滞后许多。幼儿园师资本就不足,受近年来市场经济大潮的冲击的影响更是雪上加霜,让师资不足这个由来已久的问题变得日益突出。幼儿园教师流失率高,造成许多幼儿园好不容易培养出了一批教师,又要重新招聘一定数量的"新"教师(这里的"新"并不只是指刚毕业的学期教育的师范生,还包括许多转岗做幼儿园教师的其他人员),花费心血和精力培养。这就造成了在教师队伍中"新"人比例的居高不下。有研究显示,当前在幼儿园一线工作的教师,教龄五年以下的新教师几近半数,尤其以民办幼儿园更为明显。这样的恶性循环和教师队伍结构非常不利于幼儿园教师师德的培养。可以说,幼儿园教师的师德培养问题面临着严峻的考验。

(二)九零后、零零后教师"上线"

不仅是幼儿园新入职教师队伍的庞大给师德培养问题增加了难度,幼儿园教师的"新生代"群体特质也给师德培养问题带来了一定的挑战。随着时间的推移,九零后和零零后已经成为高职院校学前教育师范生的核心组成,甚至要成为幼儿园教师队伍的主体力量。九零后

---

① 钱焕琦.教师职业道德(第二版)[M].上海:华中师范大学出版社,2016:193-198.

和零零后的人群,以独生子女居多,在人格特质上存在着自我、个性、独立、喜欢接受新鲜事物、思维活跃、创造性思维突出等特点,但由于多在成长过程中享受了优渥的物质条件、多在老人娇宠下长大等现实条件,导致他们可能会存在吃苦耐劳精神不足、坚持性偏弱等特征。并且,九零后和零零后人群在道德观念、职业态度、职业行为上也有其自身的比较多元化的特征。在幼儿园的教育实践中也发现,有些九零后和零零后的幼儿园教师在工作中会存在畏难情绪,想法特别多,但多不愿意付诸实践努力等"眼高手低"的问题。怎样根据九零后和零零后的特质,尽快帮助他们完成对幼儿园教师的职业认同,让他们热爱自己的职业,享受呵护孩子的工作体验,不怕困难,迎难而上,努力成长,这是高职院校和幼儿园同时面临的巨大挑战,是当前在幼儿园教师队伍建设中迫切需要解决的实际问题之一。

三、"校·园"一体化幼儿园教师师德培养项目构建

(一)理论学习和实践感悟并行

师德培养问题,也可以说是一种道德教育,其特殊之处在于,针对教师的道德教育更多的是要建立在成年人已有认识、价值观和道德信念的基础之上进行。而且,教师的道德教育,重点和核心都是围绕着幼儿园教师这一职业的道德和规范而进行。幼儿园教师是学前教育的践行者,面对着既是未来和希望同时又十分脆弱的幼儿群体,师德的重要性不言而喻。师德教育的起点依然是对幼儿园教师职业理论和规范的学习。对于职业理论和规范的掌握和理解,是幼儿园教师深入实际教育教学工作的前提。

在"校·园"一体化幼儿园教师培养培训模式中,利用"校"和"园"资源融通的优势,采用知识学习和实践感悟相结合的方式。一方面,"校"方的专业教师可以同时面对师范生和一线幼儿园教师讲解职业理论和规范、剖析最新政策和法规。另一方面,"园"方的骨干力量可以通过实际案例的枚举帮助幼儿园教师们尤其是师范生们真正理解规范,并通过活生生的例子让教师们时刻对于职业的规范、师德的底线保持警醒的态度。来自幼儿园的一线教师们结合接受的关于规范和政策法规的学习会对自身实践工作中的遵守有更清晰的认识。来自高职院校的师范生们也可以通过在幼儿园的实习所见和所听使得对于职业规范

所学不再局限在字面意义的理解。

（二）制度要求与自我规范并进

幼儿园师德问题因其教育对象的特殊性必须严肃对待,因此,外在的规范化的严格要求是必须的。在对师范生入职后的追踪指导中发现,他们在走上工作岗位后,除了要奋力提升业务水平以尽快适应岗位要求外,还要再花费一定的精力学习幼儿园的各项制度要求。在"校·园"一体化幼儿园教师培养培训体系中,可以利用双方的深度融合让师范生在入职前就熟悉制度方面的要求,这样可以有效缩短新入职教师的适应期,对幼儿园教师的职业认同等方面都会产生影响。同时,师德教育不同于其他类型的教育,它强调教育对象内心的认同和自发的遵守。因此,怎样将规范和要求内化为幼儿园教师自身的信念是师德养成的关键和难点。在"校·园"一体化幼儿园教师培养培训模式中,采取了现在比较提倡的叙事学习等方式帮助幼儿园教师塑造良好师德。

拓展阅读:幼儿教师的幸福——读《教师的幸福感》有感

幸福。我想说,我一直很幸福。那么从何说起呢?就从 2010 年冬天快要过去的时候说起吧。

2010 年 2 月 28 日,新华社授权发布《国家中长期教育改革和发展规划纲要(2010-2020 年)》(公开征求意见稿)。这将是指导未来 10 年中国教育改革发展的纲领性文件。公开征求意见稿的发布就像一颗石子投入了本来平静的湖面,在中国各个地区的学前教育者们,从高校教授、学者到地方教育部门再到一线幼儿园园长和教师的心中都激起了一层层涟漪。

2010 年 3 月,已经记不清楚是哪一天,只记得是开学的前一天,我的心就像沸腾的开水,因为我获知自己以笔试第三名的成绩进入了师范大学学前教育硕士招生的面试。

2010 年 4 月,也已经记不清楚是哪一天,只记得那天下起了那个冬天最后一场雪。寒冷的天气丝毫影响不了莘莘学子对学前教育的热情,四十多人展开厮杀,争抢那仅有的 9 个名额。我,胜出了。然后,学前教育,我来了。

2010 年 7 月 29 日,在经过国务院和中共中央政治局会议讨论后,备受关注的《国家中长期教育改革和发展规划纲要(2010 — 2020 年)》

正式全文发布。其中第二部分第三章明确提出了学前教育的发展任务。在文本结构上将学前教育单列一章,在整个文本中也多处提到学前教育,提出将在未来10年内"基本普及学前教育""重点发展农村学前教育"等,所有这些都表明学前教育受到了政府空前的重视。

2010年8月28日,我正式到师范大学学前教育学院报到,开启了学前教育的旅途。

如果说《国家中长期教育改革和发展规划纲要》的颁布犹如一阵春风吹进了学前教育的大门,那么我就像是迎着这阵春风努力拱出地面的小草。

如果说2010年,学前教育的世界迎来了幸福的曙光,而我则开启了和这个幸福职业的不解之缘。

我的幸福与工资待遇无关,但与人生的财富息息相关。每个月赚得不算多,只要够生活的花销,足矣。这工资待遇只是生活的资本,而幸福来源于特殊的财富——可爱的孩子们带给我的职业幸福和精神充实。

我的幸福与年轻貌美无关,但与思想的提升和岁月的积淀息息相关。只要思想熠熠生辉,外表不美丽也不会让人觉得自卑。只要不是虚度时光,岁月的流逝也并不让人心慌。孩子们的成长是我没有虚度光阴的最好证明。也可以这么说,有一种幸福是我老了,但你们长大了。

生活啊,总是这样,给了你多少苦难,就会带给你多少甘甜。人生啊,有多少真心实意的付出,就会收获多少幸福。

我的幸福甚至与轻松、舒适无关,而与付出息息相关。幸福并不代表无所事事,轻松惬意,没有疲劳感。如果你问我,工作累吗?我会很诚实地回答你,很累,很累。你若再问我,愿意离开吗?我的回答也会很坚定:不会。因为,在这里有一份舍弃不掉的幸福,有一份拿自己真心实意的付出换来的幸福。

最近在重温经典《教师的幸福感》。到底什么是教师的幸福?路遥的一段话让我感触颇深:

而现在的学前教育早就是春雷阵阵了,学前教育的冬天越走越远,可是真正的春天还没有到来。我愿在这个过程中做一名平凡的追梦人,做一名拥有不平凡梦想的幸福的平凡人。

2017年8月

（三）活动组织与谈话疏导相结合

对于师德的养成应当辅之以多种形式的活动,例如,劳动竞赛、师德感悟分享、拓展训练、参观访问、读书交流等,这样更能发挥集体的榜样示范作用,更好地将教师道德规范和要求内化为信念来指导幼儿园教师的教育实践。

拓展阅读:幼儿园教师师德故事分享——《升级版的妈妈》

从我刚工作起,我就告诉自己,把每一个孩子当做自己的孩子来对待。也许,你会笑话我,瞧你,自己还没有孩子呢,还没体会过做妈妈的感觉呢,就要在这里说大话。

是的,刚开始的时候,我确实只是口头上的妈妈。孩子们心里都不承认我是妈妈。有一次,我说孩子们,我们一起到外面去玩一会吧。小九问我:"老师,我们不是你的孩子啊。你也不是我们的妈妈,为什么总叫我们孩子们呢?"杨谦朋在一旁着急地帮我解释:"老师就是我们的妈妈。"

后来有一次,小九穿了一件毛衣,中午睡觉之前,他找到我,让我帮助他把毛衣脱下来。我鼓励他自己尝试着脱。他嘟起了小嘴,撒娇地说:"老师,你不是说我是你的孩子吗?你不是我的妈妈吗?妈妈不是应该帮我脱衣服嘛。"我满足了他的愿望,但同时也在事后找他谈话,鼓励他自己的事情自己做。

现在,每当我再说孩子们的时候,小九总是悄悄地告诉我,老师,你只当我一个人的妈妈好不好。每每想到这些和孩子们一起生活的片段,我都觉得好幸福啊。

第八章 "校·园"一体化培养培训模式构建的成效分析及前景展望

第一节 "校·园"一体化培养培训模式构建的成效分析

　　"校·园"一体化幼儿园教师培养培训模式在实际构建和实施的过程中带来的成效可以归纳为三个方面。第一个方面,也是重要的一个方面是给幼儿教师的成长带来的助力。第二个方面是给高职院校带来的变革。第三个方面是对幼儿园层面带来的影响。还有一个方面是这个模式本身对幼儿园教师职前职后一体化教育带来的借鉴意义。

一、幼儿园教师的专业成长

　　"校·园"一体化幼儿园教师培养培训模式研究的核心目标是促进幼儿园教师的专业化。因此,在这个项目中,最重要的成效就是幼儿园教师的专业成长。这里的幼儿园教师包括在专业化进程的各个阶段,有职前的师范生,有刚走上工作岗位的新入职教师,有刚刚适应教师角色的青年教师,还包括已经成长为骨干的幼儿园教师们。

（一）提升实践能力，帮助师范生快速适应幼儿园教师角色

通过保育实习、教育见习、教育实习、顶岗实习在幼儿园真实工作情境中逐步提升学生保教实践动手能力。保育实习、教育见习、教育实习、顶岗实习4个实践教学内容完全对应《专业标准》中专业能力维度的7个领域能力，大大缩短了学生入职适应期。

拓展阅读：

听之前的学长、学姐们说，去幼儿园实习的时候，老师们会让我们跟进一日活动的每一个环节，但是不参与幼儿园的各种会议和培训。每当中午孩子午睡后，幼儿园组织教师们进行教研和培训时，实习生们都是被安排在各个班级帮忙看睡的。但是在我们学院和幼儿园进行深入合作后，其中最大的改变就是我们全程参与幼儿园的各种教研和培训。在我实习的时候，正赶上幼儿园举行集中教学活动的观摩。我在实习期间，有幸观摩了幼儿园评选出的多节优质活动。并且，这种观摩也不是"走马观花"的。因为，在活动展示完后，幼儿园的领导和老师们会坐下来就着刚才的教学活动进行集体教研。"这些教学活动哪些地方较为出彩？""这些教学活动还有哪些地方需要改进和提升？怎样改进？"经过这次教研，让我在集中教学活动的设计与组织方面有了突飞猛进的提升。在我正式入职后，由于在这个方面的突出表现，被幼儿园选送参加区级的青年教师集中教学活动评优大赛。

（二）提升自主专业发展力，帮助幼儿园教师加速专业发展进程

通过"校·园"一体化幼儿园教师培养培训的实施，使得幼儿园教师生成了一种专业发展的意识，并提升了自主专业发展的能力。

拓展阅读：我终于在科研会议和培训中找到了"存在感"

在以前幼儿园的科研培训和会议中，我听不懂。但是现在我不仅听懂了，还能跟上会议的思路积极发表自己的看法。就上次的教师个人课题开题会上，我就针对教师概念界定不清晰发表了自己的建议。参与这一次的项目，虽然我比不参与的人要多付出一些精力去完成项目中的学习和任务，但是感觉也实打实地收获了许多。尤其是在科研会议和培训中找到了"存在感"后，我现在对科研的热情更加浓厚了。

当然,我除了会写课题,能立课题之外,不能满足于现状,就像我们这个项目组的带队专家们说的,我只是浮于表面地掌握了科研课题的流程和方法,但是最重要的是要运用科研的方法解决我实际教育教学工作中的问题,提升发现问题、研究问题、解决问题的科研素养和能力。

二、高职院校教育质量的提升

"校·园"一体化幼儿园教师培养培训模式的实施提升了高职院校学校教育专业的教育质量,主要体现在专业水平和实力的提升。在原有专业水平和实力的基础上,通过"校·园"一体化幼儿园教师培养培训模式的构建,学前教育专业的专业水平和办学实力得到明显提升。

(一)提升就业率

在"校·园"一体化幼儿园培养培训模式体系中,由于高职院校和幼儿园之间的深入交流和沟通,正可谓是按照"订单"培养人才。"订单式"培养,"一体化"打造,幼儿园作为幼儿园教师的需求方,通过"订单班"的建立,开始关注学校幼儿园教师的职前培养,并以主人翁姿态参与学校人才培养方案的制订与实施、课程建设与实施等幼儿园教师职前培养全过程,"订单班"成为幼儿园教师"校·园"双主体培养的主要载体,这大大提升了高职院校学前教育专业的就业率。

(二)改善高职院校教学条件

"校·园"一体化幼儿园教师培养培训模式的实施可以在很大程度上改善高职院校的教学条件,并且可以说是以"较低成本"提升高职院校的教学条件。

在当前国家教育经费投入总体偏低的情况下,制约高职院校质量提升的一个重要原因是教学条件不能满足高素质人才培养的需要。这其中,实践教学条件的不足最为明显。[1] "校·园"一体化幼儿园教师培养培训模式的构建无形中提升了高职院校中学前教育专业自身的"造血"功能,打破了以往由于教学条件不足导致的实习实训"纸上谈兵"

---

[1] 申晓伟. 校企合作,共筑未来——高职院校校企合作育人理论与实践研究 [M]. 北京:中国广播影视出版社,2014:3.

和顶岗实习的"临时代工"等现象。可以说是以最低的成本完善了高职院校的教学条件。

（三）填补高职院校实践型教师的空白

为了适应国家及社会对人才培养的需求,高职院校的师资队伍建设正向着双师导向发展。有调查显示,目前,高职院校"双师型"师资队伍建设情况不甚理想。绝大部分教师没有企业工作经历,专任教师们"不下企业"锻炼。具体到高职院校的学前教育专业,可以说,绝大部分教师没有幼儿园实际工作的经历,对于幼儿园的认知只是通过短暂的驻园等形式获得的。虽然学前教育专业的专任教师们也会到幼儿园去观摩、体验,但往往由于各种原因,这种驻园流于形式。"校·园"一体化幼儿园教师培养培训模式构建的过程中,填补了高职院校实践教师的空白,让学前的师范生们接受了许多经验丰富的一线教师的指导和分享,同时,让参与深度合作的专任教师真正从走近幼儿园到走进幼儿园,实现从高职院校的学前师范生到幼儿园从业人员的无缝衔接。高职院校学前教育专业通过"校·园"一体化培养培训模式的构建,实现了以幼儿园教师这一职业岗位作为课程开发和人才培养的逻辑起点,培养方式变得独具一格,真正让高职院校与中职、本科人才培养目标划清界限,体现了高素质技术技能人才培养的不可替代性。

（四）帮助高职院校找准目标定位,为下一步专业认证打下坚实基础

从高职院校来说,找准目标定位,是其快速发展的基础。高职院校的培养目标是对"产出"的学前教育师范生质量的预期与追求,是其人才培养的总纲。找准学前师范生培养的目标定位,是支持高职院校快速发展的基石。在"校·园"一体化幼儿园教师培养培训模式体系中,帮助高职院校深入开展学前教育人才需求调研,帮助高职院校更好地对接本地区幼儿园教师队伍建设规划。而且,在一体化的体系中,由于高职院校一直在和幼儿园一线深入交流,并据此及时调整课程体系、活动安排等,能够帮助高职院校的目标定位具有一定的前瞻性,达到基本符合《学前教育专业认证标准》中培养目标"能够反映师范生毕业 5 年左右在社会和专业领域的发展预期,体现专业特色,并能够为师范生、

教师教学管理人员及其他利益相关方面所理解和认同"①。由此可见，"校·园"一体化的幼儿园教师培养培训体系构建也为下一步高职院校进行专业认证打下坚实的基础。

第二节 "校·园"一体化培养培训模式构建的前景展望

"校·园"一体化幼儿园教师培养培训模式经过实践检验，已经收到很好的成效。但对照学前教育事业发展需要和国家提升专业服务产业发展能力项目建设要求，学前教育专业"校·园"合作和一体化还有待于进一步深化，教学团队规模、结构还有待于进一步优化，实训实习条件还有待于进一步整合完善。

一、常抓不懈，久久为功

在"校·园"一体化幼儿园教师培养培训研究中，所有的尝试、努力和成果并非要随着研究的结束而终止。相反，应该在实践中将成果大力推广应用，继续调整、完善一体化的培养培训模式，更好地助推区域幼儿园教师队伍的建设。王定华在《用奋进之笔谱写新时代教师队伍建设新篇章》一文中指出，教师队伍建设工作的"点多、线长、面广，且情况比较复杂"，因此，对教师队伍建设的各项有效工作和举措要"常抓不懈，久久为功"。

（一）争取支持，勇于担当

在"校·园"一体化幼儿园教师培养培训模式的实施过程中，鉴于条件的限制，只能采取灵活多样的方式以小项目为抓手的"C-K"联合。这些小项目中有些会因为时间等现实问题随时面临"流产"的可能。而

---

① 教育部.培养新时代大国良师——普通高等学校师范类专业认证工作指南（试行）[M].北京：中国广播影视出版社,2014：250.

且,这些项目的"小",虽然增加了项目的灵活性和弹性,使得项目的进展性和可行性增强,但是,这些项目较为零散,缺乏系统化。"校·园"一体化幼儿园教师培养培训模式为造就学前领域的大国良师,下一步还是应以系统化为追求。所以,政府层面的介入,无论是经费支持还是制度保障都是很有必要的。下一步就要从"C-K"模式到"C-G-K"模式的开发,或者说基于"C-K"模式到继续开发更加系统的"C-G-K"模式。相信有了政府层面的有效介入,"校·园"一体化幼儿园教师培养培训模式会更加推动幼儿园教师队伍的建设,助推学前教育领域大国良师的培养。

除了积极争取支持外,还要勇于担当组建区域学前教育联盟的重任。学前教育联盟的组建,将有助于成果区域内的推广和辐射。

(二)强化主体意识

"校·园"一体化幼儿园教师培养模式不能缺少学前教育机构的积极参与,建立在"订单班"这一利益共同体基础上的学前教育机构主体意识,还略显脆弱,必须创新思路、创新体制机制,强化学前教育机构在幼儿园教师培养过程中的主体意识,切实发挥其主体作用。

因此,下一步,高职院校及其实践基地的幼儿园,应该增强自信,勇于担当。在此项成果的基础上,按照国家相关政策的向导,积极争取党委和政府的支持,努力争取并承担建立幼儿园教师教育改革试验区的重任,逐步在"校·园"一体化幼儿园教师培养培训模式研究的基础上完善区域性的由高职院校、地方政府和幼儿园"三位一体"的协同育人新模式。

二、积极认证,促进提升

(一)积极参加师范类专业认证工作

开展师范类专业认证工作是国际上为保证专业培养质量而比较通行的做法。我国也已经正式开启了师范类,包括学前教育专业的认证工作。之前,教育部在江苏和广西两个省份开展的师范类专业认证试点工作取得了非常显著的成效后,于2017年10月印发了《普通高等学校师范类专业认证实施办法(暂行)》。其中就包括了学前教育专业的详细认证标准。教育部虽然发布了专业认证的标准,并在逐步健全专业认证体系,但是目前没有强行规定,而是由设置师范类专业的高校自愿申请参加。在这个过程中,高职院校的学前教育专业应该积极参加专业认证工作,通过认证工作查找自身不足,保证培养质量的提升。

(二)提高专兼职教师执教水平

另外,在质量提升方面,要通过持续不断的双师素质、双师结构、专兼职结合建设,学前教育专业教学团队已经进入省级优秀教学团队行列,但教学团队整体的知教、执教水平和任务驱动、项目导向课程设计与实施能力还需要下大力气提高。通过"教师园长化"积累幼儿园实践经验,通过教师参与社会服务、境内外培训、进修等途径,提升专任教师的执教能力。通过"园长教师化"持续优化师资队伍的双师结构,兼职教师管理培训规范化、科学化、制度化,提高兼职教师的知教、执教水平。

(三)进一步完善校内实训条件

高职院校校内外实习实训条件虽然能够完全满足当下幼儿园教师培养需要,有些实习实训条件虽然已经符合条件甚至达到领先水平,但校内实训基地在水平和功能方面,还不能真正发挥示范、辐射和引领作用,仍需加强建设。与教育行政管理部门合作,通过创建学校所属连锁幼儿园,孵化具有影响力、示范性的学前教育机构的途径,进一步完善校内实训基地水平和功能,确保学前教育专业真正发挥示范、辐射和引领作用。

三、系统建档,力求规范

无论是目前的"校·园"一体化幼儿园教师培养培训模式,还是接下来将要继续探讨的高职院校、地方政府和幼儿园协同育人创新模式,都有一项重要的工作需要实施。那就是区域性幼儿园教师培养培训档案系统的建立。通过系统建档,力求让幼儿园教师的培养培训系统更加规范、科学、高效。

幼儿园教师队伍的建设问题和基础教育阶段教师队伍的建设有一点很重要的区别,那就是幼儿园教师的待遇问题造成的流动性非常大。目前,许多幼儿园教师属于临时聘任、无编制状态,幼儿园教师队伍也会出现教师经常更换工作的幼儿园,甚至是离开幼儿园教师队伍的情况。因此,在实践中常常会出现,某幼儿园教师在之前的就职单位已经接受过区域层面组织的新任教师培训或者青年教师、骨干教师培训等,但当他因种种原因更换到本区域另外一家幼儿园时,一切归零,可能会重复参加这些培训项目。这在一个方面会造成资源的浪费,另一方面,长此以往,幼儿园教师对待这种培训会不抱有热情,从而难以取得良好的效果。造成这种现象的根本原因是幼儿园教师队伍只针对在编人员建档,统一管理、评职、调动等。而对于这些聘任的"临时人员",也采取"临时"管理的办法,没有纳入统一的档案系统里。因此,下一步,要通过系统建档,追求幼儿园教师教育一体化的科学、规范和高效。

四、探寻机制,自主成长

无论是建构主义学习理论给予的启发,还是各国教师教育政策文件的剖析,还是在"校·园"一体化幼儿园教师培养培训模式研究中的发现,都证实了教师教育的一个大趋势:要探寻机制,促进教师的自主成长。

在"校·园"一体化幼儿园教师培养培训模式的研究中,有一个具体的项目就是提升教师的科研能力。而教师科研能力只是教师专业自主发展能力的其中一项。在接下来的研究中,还要把问题聚焦在继续探寻机制,引领幼儿园教师通过自身的驱动力,自主获得专业化。例如,可以在教师科研素养提升的基础上,大力倡导教师的行动研究,促进教师自身专业成长力的提升。

验收有节点,建设无止境。"校·园"一体化幼儿园教师培养培训模式的实践探索工作虽然暂时告一段落,但与学前教育事业发展需要相比,与国家提升专业服务产业发展能力项目建设要求相比,学前教育专业建设任务依然任重道远。下一步,要在取得的成绩的基础上,进一步加强"校·园"合作机制建设,进一步加强师资队伍建设,进一步完善校内外实习实训条件,切实发挥学前教育专业的特色引领和示范辐射作用。

在以上的展望下,我们可以看出,正像中共中央国务院印发的《关于全面深化新时代教师队伍建设改革的意见》强调的那样:"时代越是向前,知识和人才的重要性就愈发突出,教育和教师的地位和作用就愈发凸显。随着时代的不断发展,幼儿园教师培养培训应在充分认识新时代教师队伍建设的新形势、新任务基础上,准确把握新时代教师队伍建设的使命担当。"争取到 2035 年,实现《意见》第二个阶段的教师队伍建设目标:"教师综合素质、专业水平和创新能力大幅提升。培养、造就数以百万计的骨干教师,数以十万计的卓越教师,数以万计的教育家型教师。"①

---

① 教育部教师工作司.造就大国良师——《中共中央国务院关于全面深化新时代教师队伍建设改革的意见》辅导读本 [M].北京:教育科学出版社,2018:1.

参考文献

政策文献类:

教育部等四部门.教育部等四部门关于实施第三期学前教育行动计划的意见 [EB/OL].http://www.moe.gov.cn/srcsite/A06/s3327/201705/t20170502_303514.html（2017-04-17）.

教育部.教育部关于实施卓越教师培养计划的意见 [EB/OL].http://www.moe.gov.cn/srcsite/A10/s7011/201408/t20140819_174307.html（2014-08-19）.

教育部.教育部关于大力推进教师教育课程改革的意见 [EB/OL].http://www.moe.gov.cn/srcsite/A10/s6991/201110/t20111008_145604.html（2011-10-08）.

国务院.国务院关于大力发展职业教育的决定 [EB/OL].http://www.moe.gov.cn/s78/A07/s8347/moe_732/tnull_816.html（2019-01-24）.

图书著作类:

[美]卡罗尔·蒂明斯基著,姜珊珊,齐晓恬,李锋译.学前教育实习指导迈向成功 [M].北京:机械工业出版社,2015.

郑金洲,吕洪波编著.教师不可不知的教育流派 [M].上海:华东师范大学出版社,2012.

申晓伟.校企合作,共筑未来——高职院校校企合作育人理论与实践研究 [M].北京:中国广播影视出版社,2014.

孙玉洁.在 U-K 互助中生成专业自觉——幼儿教师驻园培养模式研究 [M].北京:科学出版社,2018.

申晓伟.校企合作,共筑未来——高职院校校企合作育人理论与实践研究 [M].北京:中国广播影视出版社,2014.

[美]杜威(J. Dewey)著,王承绪译.民主主义与教育 [M].北京:人民教育出版社,2001.

[英] Peter Jarvis 著，许雅惠译．成人及继续教育：理论与实务 [M]．台湾：五南图书出版股份有限公司，2002．

周跃良主编，李鸣华著．教师专业发展新思路：大学与中小学信息化合作模式研究——序言 [M]．杭州：浙江工商大学出版社，2017．

查有梁．系统科学与教育 [M]．北京：人民教育出版社，1993．

许国志．系统科学 [M]．上海：上海科技教育出版社，2000．

[英] 丹尼斯·迈奎尔，[瑞典] 斯文·温德尔著，祝建华，武伟译．大众传播模式论 [M]．上海：上海译文出版社，1997．

靳希斌．教师教育模式研究 [M]．北京：北京师范大学出版社，2009．

教育大辞典编撰委员会．教育大辞典：第 2 卷 [M]．上海：上海教育出版社，1990．

教育部师范教育司．教师专业化的理论与实践（修订版）[M]．北京：人民教育出版社，2003．

陶行知．陶行知全集 [M]．成都：四川教育出版社，2007．

马慧婷．新时期师德建设研究 [M]．武汉：华中科技大学出版社，2014．

徐廷福．教师职业道德修养 [M]．北京：北京师范大学出版社，2015．

檀传宝．走向新师德 [M]．北京：北京师范大学出版社，2009．

钱焕奇．教师职业道德（第二版）[M]．上海：华中师范大学出版社，2016．

[德] 雅斯贝尔斯．什么是教育 [M]．北京：生活·读书·新知三联书店，1991．

唐凯麟，刘铁芳．教师成长与师德修养 [M]．北京：教育科学出版社，2007．

期刊杂志类：

朱旭东．教师教育标准体系的建立：未来教师教育的方向 [J]．教育研究，2010，06．

杨小微．大学与中小学的文化互动与共生 [J]．教育发展研究，2011，20．

周东恩．高职学前教育专业毕业生现状与职业能力研究——以大连职业技术学院为例 [J]. 辽宁师专学报（社会科学版），2014（04）.

冯国利，周东恩. 幼儿园教师"校园"双主体培养的实践探索——以大连职业技术学院学前教育专业为例 [J]. 中国职业技术教育，2016（20）.

刘凤英，李艳旭. 农村普惠性民办幼儿园师资建设的问题及对策 [J]. 当代教育理论与实践，2016，8（03）.

秦萍. 学前教育体系下师资培养教育质量管理研究 [J]. 中国教育学刊，2019（07）.

林红. 区域幼儿教师专业化发展的现实问题与对策 [J]. 黑龙江科技信息，2011（09）.

李娜，张冉. 我国幼儿教师队伍建设之现存问题与对策思考 [J]. 中国成人教育，2011（06）.

殷文靖. 学前教育师资队伍建设寻在问题及对策 [J]. 文教资料，2019（02）.

庞丽娟，洪秀敏，姜勇. 中国学前教育发展报告：幼儿园教师队伍建设 [M]. 北京：北京师范大学出版社，2016.

杜海平. 外促与内生：教师专业学习范式的辩证 [J]. 教育研究，2012（09）.

苏白茹. 学前教育"政行园校"育人共同体构建研究——以泉州幼儿师范高等专科学校为例 [J]. 衡水学院学报，2020，22（04）.

孙自强，王标. U–S 合作的主要形式、现实困境及应然路径 [J]. 现代中小学教育，2016，32（2）.

石长地，郭玲. 教师教育改革的新方向——美国城市教师驻校培养模式探析 [J]. 人民教育，2012（17）.

胡碧霞."高校—幼儿园"专业实践共同体的内涵与特征 [J]. 教育与职业，2014（29）.

谢桂新. U–K 共生性合作的幼儿教师培养模式研究 [J]. 惠州学院学报（社会科学版），2015（08）.

王亚. 少数民族地区卓越幼儿园教师"G–U–K"融园培养模式与实践探索 [J]. 陕西学前师范学院学报（社会科学版），2020（06）.

李雪艳，冯璇坤. 从"U–K"到"U–G–K"：幼儿教师协同培养模式的变革与重构 [J]. 长春教育学院学报，2017，33（11）.

刘淑颖，茹荣芳，张燕. 基于"三全育人"的学前教育专业人才培养

模式研究 [J]. 石家庄学院学报,2020,22（04）.

柳国梁 . 高职学前教育专业人才培养方案改革——基于《幼儿园教师专业标准(试行)》和《教师教育课程标准(试行)》的视域 [J]. 教育探索,2016（01）.

何福贵,张梅 . 职业技能竞赛促进教学改革的研究 [J]. 北京劳动保障职业学院学报,2010,04（03）.

银杰 . 基于学前教育专业教育技能大赛的幼儿教师核心素养培养 [J]. 课程教育研究,2018（10）.

徐宇,何明蓉 . 冲突与协调:对大学与幼儿园合作研究的潜在冲突及成因分析 [J]. 学前教育研究,2010（4）.

孟繁慧 . 大学与幼儿园合作研究的潜在冲突及成因分析 [J]. 黑龙江省社会主义学院学报,2014（6）.

沈有禄 . 试论我国教师教育模式变革的路径与政策 [J]. 黑龙江高教研究,2007（1）.

王赛扬 . 政府和大学在教师教育制度变迁中的作用 [J]. 中国高等教育,2005（06）.

胡亚天 . 教师教育的特性与政策选择 [J]. 课程·教材·教法,2003（5）.

毋小勇 . 教师教育模式:走向开放 [J]. 教育理论与实践,2005（9）.

顾松其 . 基础教育课程改革与教师教育新模式的建构 [J]. 湖南第一师范学院学报,2002（6）.

王建磐 . 教师专业化与教师教育政策的选择 [J]. 高等师范教育研究,2001（5）.

Turner, P. Metcalf &Fischetti, J. Professional Development Schools: Persisting Questions and Lessons Learned. *Journal of Teacher Education*, Vol.47, No.4.

硕博论文类:

崔奇珩 .U–S 合作视角下幼儿教师教科研素养提升策略研究 [D]. 延边大学,2019.

辛艳华 . 伙伴学校——英国职前教师教育实践模式及启示 [D]. 河北师范大学,2012.

张佳 . 企办幼儿园卓越幼儿教师培养模式研究 [D]. 内蒙古师范大

学,2016.

赵静.英国"以学校为基地的"教师培养模式研究[D].南京师范大学,2006.

饶武.美国教师教育课程演进及其对我国的启示[D].江西师范大学,2006.

赵静.英国"以学校为基地的"教师培养模式研究[D].南京师范大学,2006.

网络文献类:

杨小微.U–S协作中的学校变革机制探寻[EB/OL].https：//www.zzyedu.org/info_detail_info7397.html（2019–01–03）.

360百科.马克思主义认识论[EB/OL].https：//baike.so.com/doc/6816198–7033213.html（2014–06–20）.

360百科.教师专业发展阶段理论[EB/OL].https：//baike.so.com/doc/9563872–9908805.html（2018–11–29）.

湖北教师考试网.伯利纳关于教师发展的五阶段理论知识点梳理[EB/OL].http://m.hu.zgjsks.com/html/2019/ggjc_1010/51234.html（2019–10–10）.

360百科.终身学习[EB/OL].https://baike.so.com/doc/6020619–6233616.html（2018–07–22）.

MBA智库·百科.成人学习理论（Adult Learning Theory）[EB/OL].https：//wiki.mbalib.com/wiki/成人学习理论（2017–03–03）.